ÉTICA E DIREITOS SEXUAIS

ÉTICA E DIREITOS SEXUAIS

Ronaldo Zacharias

DIREÇÃO EDITORIAL
Edvaldo M. Araújo

CONSELHO EDITORIAL
Fábio E. R. Silva
Jonas Luiz de Pádua
Márcio Fabri dos Anjos
Marco Lucas Tomaz

REVISÃO
Tatianne Francisquetti

DIAGRAMAÇÃO
Airton Felix Silva Souza

CAPA
Thiago Ribeiro

Todos os direitos em língua portuguesa, para o Brasil, reservados à Editora Ideias & Letras, 2021.

1ª impressão

EDITORA
IDEIAS&
LETRAS

Rua Barão de Itapetininga, 274
República - São Paulo/SP
Cep: 01042-000 – (11) 3862-4831
Televendas: 0800 777 6004
vendas@ideiaseletras.com.br
www.ideiaseletras.com.br

Dados Internacionais de Catalogação na Publicação (CIP) de acordo com o ISBD

Z16E   Zacharias, Ronaldo
Ética e direitos sexuais / Ronaldo Zacharias - São Paulo; Ideias & Letras, 2021.
Inclui bibliografia.
ISBN 978-65-87295-08-4
1. Ética 2. Direitos Sexuais 3. Sexualidade 4. Democracia I. Título.

2021-505   CDD 170
                                                              CDU 17

Elaborado por Vagner Rodolfo da Silva - CRB-8/9410

Índices para catálogo sistemático:
1. Ética 170
2. Ética 17

SUMÁRIO

Apresentação	07
Introdução	11
I. Dignidade Humana: um *a priori* ético	**15**
1.1 A dignidade humana como um a priori ético	16
1.2 Um *a priori* ético que se expressa em formulações jurídicas	20
1.3 O respeito à dignidade e a defesa dos direitos fundamentais do humano	24
II. Sexualidade Humana: a pessoa sexual	**31**
2.1 Significado da sexualidade e da orientação afetivo-sexual	33
2.2 Significado ético da sexualidade e da orientação afetivo-sexual	39
2.3 O respeito à pessoa sexual e ao seu direito de autorrealização	47
III. Direitos Sexuais: direitos humanos relacionados à sexualidade	**53**
3.1 Direitos Sexuais: resultado de um caminho	55
3.2 Direitos Sexuais: rumo a uma Declaração universal	65
3.2.1 Direitos Sexuais: Declaração da IPPF	68
3.2.2 Direitos Sexuais: Declaração da WAS	71
3.3 Direitos Sexuais: para além das controvérsias e ambiguidades	79
IV. Por uma vivência democrática da sexualidade	**85**
4.1 Cidadania sexual e vivência democrática da sexualidade	86
4.1.1 Cidadania sexual	88
4.1.2 Cidadania sexual e direitos sexuais	93
4.2 Vivência democrática da sexualidade	95
4.2.1 Princípios fundamentais para uma vivência democrática da sexualidade	97
4.2.1.1 Ética como processo de humanização	98
4.2.1.2 Autonomia, liberdade, responsabilidade, igualdade	102
4.2.2 Eticidade e liceidade de uma vivência democrática da sexualidade	106
4.2.2.1 Uma "leitura" ética dos direitos sexuais	107
4.2.2.2 Por uma ética do cuidado em relação aos mais vulneráveis	150
4.3 A edificação de uma cultura democrática da sexualidade	154
Considerações finais	**161**
Referências Bibliográficas	**165**

APRESENTAÇÃO

Minha satisfação em apresentar um livro como este reflete um compromisso e uma convicção. Compromisso em estimular e louvar uma reflexão ética séria e bem fundamentada e a convicção de que na área da sexualidade, embora haja muito ainda a ser feito, esta Obra é um marco importante tanto no campo da investigação quanto da prática educativa.

A sexualidade, por mais que seja estudada, ainda constitui um grande enigma. Por ser uma realidade complexa – parte do mistério da pessoa –, ela seduz e amedronta. Os que se aproximam dela nem sempre conseguem abordá-la na sua fascinante inteireza. Por isso, tende a ser mal compreendida e/ou reduzida a uma das suas dimensões. Quando se entra nos meandros de uma antropologia que tende a fragmentar o ser humano em partes inconciliáveis – como se corpo, desejo e prazer não fossem elementos constitutivos da sexualidade – a sensação de medo diante do que seduz aumenta. É como se o enigma estivesse sempre de plantão para nos devorar.

Assim, pesquisar nessa área constitui um grande desafio, a começar por não se deixar devorar pelo enigma de plantão, mas por ousar decifrá-lo. Isso só é possível a quem se aproxima da sexualidade com cuidado e amor. Cuidado para respeitá-la na totalidade dos seus significados. Amor porque toca a vida de pessoas que amam e desejam ser amadas. Em outras palavras, só faz um estudo honesto nessa área quem se interessa amorosamente pelas pessoas e por suas dores, quem se atreve a olhar para os que veem dia a dia os seus direitos ameaçados ou pisoteados, quem tem a coragem de parar junto daqueles postos à margem porque são considerados sobrantes ou estranhos demais na sua busca de autorrealização.

Refletir eticamente sobre a sexualidade no contexto de questões relativas aos direitos humanos e afirmar que existem, sim, 'direitos sexuais' e um 'direito democrático da sexualidade' é uma proposta nova entre nós, não tanto pelas expressões em si, mas pelo tratamento dado ao tema e pelas incontestáveis fundamentações apresentadas. A dignidade de toda pessoa humana, colocada como pano de fundo da reflexão, sustenta-a de forma tal que os fundamentos propostos e os desafios deles derivados tornam-se incontestáveis. É por isso que uma Obra como esta chega em boa hora, ganha plausibilidade num contexto cada vez mais ameaçador tanto para o estudo e a pesquisa quanto para a vivência da sexualidade das pessoas e, portanto, precisa ser levada a sério.

A importância desta Obra para os nossos dias é inestimável e ela deve estar inclusa entre as mais necessárias não apenas para aqueles que estudam e trabalham no campo da sexualidade quanto para todos os que desejam adquirir conhecimento e ter clareza sobre o assunto. Um dos seus méritos é desmistificar e colocar no seu devido lugar vários temas considerados indesejáveis, difíceis de serem digeridos em certos contextos, por causa dos preconceitos e das ideologias criadas e sustentadas por muitos: questões de gênero, orientação sexual, educação em sexualidade, direitos sexuais, cidadania sexual, emancipação sexual. É, por isso mesmo, uma Obra para ser lida e, mais do que tudo, divulgada.

Gostaria ainda de falar sobre o autor. Creio que ele dispensa apresentação, mas algumas coisas precisam ser ditas, para que compreendamos a seriedade de seus escritos.

Ronaldo Zacharias, em primeiro lugar, é meu amigo de longa data, e essa amizade faz-me grata e feliz. É também companheiro de trabalho na Sociedade Brasileira de Teologia Moral, da qual, atualmente, sou presidente e ele, secretário; assim como foi secretário de vários outros presidentes, durante vários mandatos. Isso revela a sua eficiência no trabalho e a sua capacidade de articulação com pensadores e professores de ética teológica de todo o País. Salesiano, tem o dom de educar. Sua paixão, dentro do campo da ética teológica, é a ética sexual. Há quase três décadas estuda o tema e escreve sobre ele; há 15 anos coordena, com a psicóloga, educadora e terapeuta sexual, Prof.ª Ana Cristina Canosa, o Curso de Pós-Graduação em Educação em Sexualidade do UNISAL, colaborando com a formação de profissionais de todo o País.

Ronaldo, depois de graduar-se em Pedagogia e Filosofia pela Faculdade Salesiana de Filosofia, Ciências e Letras (Lorena/SP) e em Teologia pela Università Pontificia Salesiana (Roma), especializou-se em Educação Sexual pela Faculdade de Medicina do ABC (Santo André/SP), obteve o mestrado em Teologia Moral pela Academia Alfonsiana (Roma) e o doutorado em Teologia Moral pela Weston Jesuit School of Theology (Cambridge/USA). Sua última conquista acadêmica foi o Pós-Doutorado em Democracia e Direitos Humanos, pelo *Ius Gentium Conimbrigae* da Universidade de Coimbra (Portugal).

Creio que sua trajetória de estudos e capacitação qualificaram-no profissionalmente com excelência, mas o que mais me surpreende e encanta na sua pessoa são a humildade e a simplicidade que o caracterizam e a sensibilidade e generosidade que o distinguem. Essas qualidades fazem dele um homem sábio, solícito, terno e atento aos desafios que provêm da realidade em que as pessoas vivem na tentativa de se realizarem como gente e crescerem em humanidade.

A Obra que ora apresento é de qualidade indiscutível, com uma bibliografia extremamente pertinente e útil para quem desejar aprofundar-se no tema. É um texto corajoso e esclarecedor, fruto de um pensamento amadurecido, sem partidarismos nem ideologias, apenas guiado pela retidão própria de quem sabe que o amor, quando verdadeiro, é sempre inclusivo. Que a leitura e o estudo dessas páginas redundem em benefício prazeroso para os que se aproximarem delas!

Maria Inês de Castro Millen
Médica ginecologista e obstetra,
Doutora em Teologia Moral (PUC-Rio) e
Presidente da Sociedade Brasileira de Teologia Moral (SBTM).

INTRODUÇÃO

O Brasil vive um momento histórico conturbado em relação a tudo que se refere a questões sexuais, sobretudo as que envolvem orientação afetivo-sexual e gênero. Políticos sem a devida formação acreditam que a atividade política seja o espaço mais adequado para advogar para si a missão de "purificar" a sociedade, reduzindo a moralização tão desejada por eles a questões sexuais. A assim chamada Bancada da Bíblia, presente no Congresso Nacional, formada na sua maioria por pastores evangélicos, com apoio de políticos católicos de tendência mais conservadora, transforma a atividade política num campo de batalha entre o bem e o mal e serve-se da Bíblia como "instrumento" de purificação, tornando-a refém da sua ignorância tanto sobre sexualidade quanto sobre métodos exegéticos e hermenêuticos de aproximação do texto bíblico.

Trata-se de um "projeto de poder" baseado na pretensa moralização da sociedade brasileira. Tem-se instaurado, progressivamente, uma espécie de fundamentalismo ético-moral, sobretudo a respeito de questões sexuais, a ponto de temas como sexualidade, gênero, diversidade sexual, homofobia serem praticamente banidos dos planos municipais e estaduais de educação. Tem-se disseminado pelo país o Programa Escola Sem Partido, um projeto de lei que se autodefine contra o abuso da liberdade de ensinar, mas que, na realidade, constrói-se sobre a compreensão de educação como algo isento de reflexão e de crítica, procurando anular, assim, a individualidade e o poder emancipatório do aluno, tendo extrema dificuldade de reconhecê-lo como sujeito de direitos capaz de ser autônomo e autocrítico.

Nesse contexto, fundamentar a eticidade e a liceidade de uma proposta de vivência democrática — responsável e emancipatória — da sexualidade soa como contribuição significativa e urgente. Significativa porque a proibição de que alguns assuntos ligados à sexualidade sejam abordados no processo educativo-formativo dos jovens atenta contra o direito fundamental de uma educação integral. Urgente porque tal proibição encobre a pretensão de negar direitos já conquistados pelas assim chamadas "minorias", como se os direitos delas não fossem direitos de todos. Os direitos humanos e, como expressão deles, os direitos sexuais, constituem direitos de todos, e não exceções toleradas em relação a certos grupos. A construção de uma sociedade democrática exige uma nova postura em vista do reconhecimento da sexualidade como uma dimensão positiva da vida humana e, consequentemente, a diminuição do estigma, do preconceito, da marginalização, da exclusão, da injustiça e da violência gerados por uma compreensão indevida das questões e dos direitos sexuais ou pela falta de um ordenamento jurídico que leve a sério a perspectiva dos direitos humanos na esfera da sexualidade.

O tema será abordado em quatro etapas. Na primeira, refletiremos sobre o significado de a dignidade humana ser um *a priori* ético, *a priori* esse que deve se expressar em formulações jurídicas que assegurem o respeito à dignidade e, ao mesmo tempo, a defesa dos direitos fundamentais do humano.

Na segunda etapa, trataremos da sexualidade e da orientação afetivo-sexual como dimensões constitutivas do humano, a fim de podermos colher mais profundamente o significado ético que deriva do respeito à pessoa sexual e ao seu direito de autorrealização e que possibilita a todos, sem exceção, usufruir de todos os direitos sexuais como parte do processo de desenvolvimento.

A terceira etapa da reflexão se deterá sobre o significado dos direitos sexuais como direitos humanos relacionados à sexualidade. Mostraremos como se deu a evolução do processo de compreensão de tais direitos e como eles contribuem para a afirmação da dignidade, liberdade e igualdade de todas as pessoas.

Na quarta e última etapa, proporemos uma leitura ética dos direitos sexuais, mostrando a importância de que se abram a uma perspectiva — no caso, ética — que os interpele sobre o grau de humanização que proporcionam e/ou favorecem. Para isso, apresentaremos alguns critérios para nos ajudar a discernir o que humaniza ou desumaniza, o que é certo ou errado, o que é bom ou mau no campo da vivência da sexualidade. Serão tais critérios que oferecerão uma estrutura para todos os direitos sexuais, garantirão que sejam respeitados e protegidos e possibilitarão que todos tenham acesso a condições que permitam a expressão da sexualidade livre de qualquer forma de coerção, discriminação, injustiça ou violência. A relação entre cidadania e direitos sexuais pavimentará o caminho para a compreensão do porquê um direito democrático da sexualidade tem de partir do pressuposto de que todas as pessoas são sujeitos de direitos, e não apenas objetos de regulação.

I - DIGNIDADE HUMANA: UM *A PRIORI* ÉTICO

O risco que corremos ao abordar o tema da dignidade humana é o de a considerarmos em abstrato. Por isso, o ponto de partida para tal abordagem deve ser a pessoa humana, compreendida como ser histórico, psíquico e corporal, aberto à transcendência. Em outras palavras, só podemos conceber a pessoa humana como subjetividade encarnada num determinado contexto sociocultural, que não se reduz nem ao passado nem ao presente, mas se projeta em direção ao futuro, e que, ao projetar-se para fora de si, encontra-se com o outro e pode, com ele, estabelecer relações de reciprocidade.[1]

Isso implica que a pessoa humana seja assumida como um ser histórico, que não se define pelo que foi no passado ou pelo que é no presente, mas, sobretudo, pela possibilidade de vir-a-ser-no-futuro. Sendo subjetividade encarnada, a pessoa humana se situa no mundo e em relação com tudo o que há nele com certo grau de conhecimento, consciência, autonomia e liberdade. Aos poucos, graças às experiências que vai acumulando, ela vai adquirindo maior consciência de si e da realidade e, assim, compreendendo melhor que o seu conhecimento é sempre limitado, que a sua

---

1 Este capítulo, em grande parte, repropõe, atualiza e aprofunda as ideias-chave do texto: ZACHARIAS, Ronaldo. Ética, direitos humanos e dependência química. In: DIEHL, Alessandra; CORDEIRO, Daniel Cruz; LARANJEIRA, Ronaldo (Orgs.). Dependência Química: prevenção, tratamento e políticas públicas. 2 ed. Porto Alegre: Artmed, 2019, p. 39-47.

consciência deve sempre ser formada, que a sua autonomia é sempre relativa e que a sua liberdade deve ser sempre responsável.

Também aos poucos, graças ao fato de poder projetar-se no futuro e vislumbrar nele e graças a ele as possibilidades de realização das promessas do presente, a pessoa humana sabe-se senhora de uma infinidade de escolhas e, portanto, capaz de crescer em conhecimento, consciência, autonomia e liberdade. Se a realidade na qual se encontra proporciona experienciar esses valores com certa restrição, a realidade desejada e sonhada se apresenta como possibilidade de superação de qualquer limite ou restrição, ou, simplesmente, como possibilidade de realização, de vir-a-ser, apesar dos limites e das restrições.

É a partir da concepção do ser humano como um ser-histórico-em-relação que abordarei os temas da dignidade humana como um *a priori* ético e da necessidade de formulações jurídicas que expressem tal *a priori*. Desta abordagem derivarão algumas conclusões práticas, das quais me servirei nos demais capítulos.

1.1 A dignidade humana como um *a priori* ético

Além de ter o direito de dar um significado à própria existência, o ser humano sabe que é único, não repetível, insubstituível, que tem valor em si mesmo, que goza de dignidade por ser pessoa. Sendo a pessoa um ser-em-relação, ela sabe que foi precedida por uma relação e é sustentada por uma infinidade de relações que, além de projetá-la continuamente para fora de si, lhe possibilita estabelecer relações de reciprocidade com outras pessoas. Sendo um ser-em-relação, a pessoa humana só se realiza se superar tanto a independência quanto a dependência dos outros para viver na interdependência de uma comunidade de interesses e destino. A pessoa humana caracteriza-se, portanto, pela alteridade; ela não apenas vive com os outros ou ao lado dos outros, mas é interpelada continuamente pelas suas urgências e necessidades e percebe que o caminho de humanização passa pelo compromisso e pela solidariedade com os demais.

Além de constituir-se na relação com o outro, a pessoa humana também aprende a ser pessoa, graças ao empenho concreto de "abertura recíproca ao outro, reconhecido como seu semelhante, como expressão disso mesmo que cada um é como pessoa. Nesse sentido, descobre-se a própria dignidade quando se reconhece essa mesma dignidade espelhada no outro. O respeito à dignidade acontece no mútuo reconhecimento e na responsabilidade recíproca".[2] É por isso que podemos afirmar que a violação e o desrespeito à dignidade do outro não são um problema dele, mas de todos nós; é a dignidade de todos que resulta negada. Vale a pena recordar, aqui, que o respeito, na sua etimologia latina, significa *olhar* (*respicere*). Não há respeito quando não olho o outro e o reconheço como sujeito e, portanto, fim-em-si; quando cedo à tentação de reduzir o outro, pelo olhar, a objeto; quando não permito, pelo modo de olhar para o outro, que ele seja o que é e o que pode vir-a-ser.[3]

Para Maria Grazia Ardita, "o termo 'dignidade' indica um atributo universalmente comum a todos os homens, sem cujo reconhecimento não poderá haver liberdade nem, muito menos, justiça ou paz, uma característica específica nossa e que nos coloca num grau superior em relação a todos os outros seres existentes na Terra".[4] A dignidade não é, portanto, algo que se confere ou se atribui a alguém, como se fosse um atributo outorgado e sujeito

---

2 JUNGES, José Roque. *Bioética*. Hermenêutica e Casuística. São Paulo: Loyola, 2006, p. 133.

3 RENAUD, Michel. A dignidade do ser humano como fundamentação ética dos direitos do homem. *Brotéria* 148 (1999): 142-143.

4 ARDITA, Maria Grazia. Dignidade Humana. In: LEONE, Salvino; PRIVITERA, Salvatore; CUNHA, Jorge Teixeira da. *Dicionário de Bioética*. Vila Nova de Gaia, Portugal/Aparecida: Editorial Perpétuo Socorro/Santuário, 2001, p. 275.

a critérios subjetivos e até mesmo a interesses ideológicos.⁵ Ela é uma qualidade própria do ser humano, "é um *a priori* ético comum a todos os seres humanos",⁶ compreendido pelos atributos fundamentais do humano, tais como: capacidade de pensar, julgar, ser livre, decidir, atribuir significado às coisas etc.; ela "qualifica o ser humano como portador de uma exigência".⁷

Do mesmo modo, a dignidade não se situa na esfera do mais ou menos. Não se tem mais ou menos dignidade, como costumamos pensar. Em geral, acreditamos que as pessoas são mais ou menos "pessoa" dependendo do que fazem ou do que são e, por isso, acabamos usando a dignidade como critério por excelência de exclusão. Pelo contrário, é a dignidade, enquanto qualidade axiológica do ser humano, o critério de inclusão. Somos todos "pessoa", somos todos dignos de ser quem somos e, portanto, de ser respeitados como pessoas. O respeito incondicional à pessoa expressa a exigência ética própria do conceito de dignidade.⁸

Sendo a dignidade humana uma categoria e um imperativo ético, é ela que fundamenta a exigência ética do respeito à pessoa.

---

5 RENAUD. A dignidade do ser humano como fundamentação ética dos direitos do homem, p. 141.

6 JUNGES. *Bioética*. Hermenêutica e Casuística, p. 133. Por isso é que podemos afirmar que a dignidade, além de ser uma categoria antropológica, expressa também um conteúdo ético, isto é, implica exigências éticas.

7 RENAUD. A dignidade do ser humano como fundamentação ética dos direitos do homem, p. 141. Valeria a pena, aqui, aprofundar a questão do fundamento da dignidade humana, mas isso nos afastaria do objetivo proposto. Indico as reflexões propostas por JUNGES. *Bioética*. Hermenêutica e Casuística, p. 117-139; JUNGES, José Roque. *Bioética*. Perspectivas e desafios. São Leopoldo: UNISINOS, 1999, p. 71-112.

8 A compreensão da diferença entre o substantivo "dignidade" e o adjetivo "digno" nos ajuda a captar mais profundamente o sentido da dignidade enquanto dimensão ética do humano. A dignidade não precisa de nenhum complemento; ela é um valor intrínseco. O adjetivo, por sua vez, exige complemento; somos dignos de alguma coisa. A exigência de respeito, por exemplo, pelo fato de sermos "pessoa", é a tradução concreta da exigência própria do conceito de dignidade.

Se, por um lado, todas as pessoas são dignas de respeito pelo fato de serem pessoas, por outro, há aquelas cuja dignidade está comprometida, desfigurada e até mesmo reduzida em sua expressão. É por isso que, "em sua significação práxica, a categoria ética de dignidade tem uma orientação preferencial" em relação a essas pessoas.[9] Em outras palavras, torna-se mais urgente ajudar/colaborar no processo de humanização das pessoas desumanizadas, pois estas correm mais o risco de verem comprometidos a realização do sentido da própria existência e, consequentemente, o próprio processo de humanização.

Para José Roque Junges, "o fundamento último da dignidade humana está na categoria de autorrealização. Todo ser humano tem o direito de autoconstituir-se a partir do seu dado natural, realizando o seu itinerário histórico de expressar-se como pessoa. Por isso, o ser humano é fim em si mesmo e nisso consiste justamente a sua dignidade. Ninguém tem o direito de privá-lo ou impedi-lo de realizar esse itinerário de autorrealização como fim da sua existência, tornando-o meio para alcançar outros fins".[10]

Assumir que a dignidade humana é um *a priori* ético significa reconhecer que a dignidade ética do ser humano não pode ser explicitada em toda a sua riqueza de significado e ação por nenhuma formulação jurídica. É, portanto, esse *a priori* que deve fazer com que sejam encontradas formulações jurídicas de direitos que permitam a realização da pessoa humana, livre e responsável. Para Michel Renaud, "é a fundamentação ética que justifica a formulação histórica dos direitos humanos do homem; mas é a aceitação histórica desta declaração que dá consistência e visibilidade sociopolítica à dignidade do ser humano".[11]

---

9 JUNGES. *Bioética*. Hermenêutica e Casuística, p. 134.
10 JUNGES. *Bioética*. Perspectivas e desafios, p. 111.
11 RENAUD. A dignidade do ser humano como fundamentação ética dos direitos do homem, p. 145.

1.2 Um *a priori* ético que se expressa em formulações jurídicas

O respeito à dignidade humana é absoluto. Não há nada, em nenhuma situação, que nos autorize a violar, aviltar, agredir, diminuir a dignidade humana. Mas este respeito só pode ser garantido e, assim, alcançar maior força se for expresso em normas concretas de ação, que, no dizer de Renaud, não são outra coisa senão a "necessidade de pôr uma fronteira aquém da qual se cai na degradação humana".[12]

A humanidade percorreu um caminho que lhe possibilitou formular as exigências fundamentais para garantir o respeito à dignidade humana e chegou, assim, a definir os direitos fundamentais que asseguram a realização de toda pessoa. Tais direitos se configuram como "uma série de prerrogativas que afetam toda pessoa humana pelo simples fato de ser humana, independente das circunstâncias de tempo, lugar, cultura, religião, sexo etc. Esses direitos não partem tanto da realidade do que é hoje a pessoa humana, mas sobretudo daquilo que deveria ser, se levarmos em conta o ideal da pessoa humana. Tem, portanto, uma irrenunciável base ética, de onde nasce a realidade jurídica atual. Isto é, esses direitos se impõem como princípio regulador dos diversos elementos que configuram a ordem estatal e social".[13] Não podemos negar que esta definição constitui um grande passo da humanidade, ao expressar a consciência que se tem sobre dignidade humana. Embora condicionada a circunstâncias históricas e culturais, temos de admitir que os direitos humanos são a expressão concreta do respeito absoluto à dignidade humana.

Segundo Renaud, "os direitos humanos pormenorizam e exemplificam, em relação a situações concretas e a determinados campos

---

12 RENAUD. A dignidade do ser humano como fundamentação ética dos direitos do homem, p. 141.
13 TORRES, Fernando. Direitos Humanos. In: VIDAL, Marciano. Ética Teológica. Conceitos Fundamentais. Petrópolis: Vozes, 1999, p. 610.

de ação, esta exigência geral de respeito pelo ser humano" [...]; e, "enquanto conteúdo concreto de uma exigência inerente à existência humana, eles são atravessados por um dinamismo que lhes confere um valor absoluto".[14] São os direitos humanos que concretizam as implicações éticas do respeito à dignidade humana.[15] Mais ainda, "é

---

[14] RENAUD. A dignidade do ser humano como fundamentação ética dos direitos do homem, p. 143. É evidente que os Direitos Humanos podem ser revistos, "não no sentido de voltar aquém do seu teor, mas em vista a formular de modo mais adequado para os nossos tempos a exigência de respeito absoluto pelo ser humano". RENAUD. A dignidade do ser humano como fundamentação ética dos direitos do homem, p. 144. É importante considerar, também, que os direitos, por serem históricos, vão emergindo à medida que as pessoas lutam pela sua emancipação e pela transformação das próprias condições de vida. É por isso que a comunidade internacional tem a obrigação não apenas de defendê-los, mas também de aperfeiçoá-los. Ver: BOBBIO, Norberto. *A era dos direitos*. Rio de Janeiro: Campos, 1992, p. 32-34. Apesar de a Declaração de 1948 ser de suma importância, ela nunca teve pretensão de ser definitiva. Num processo de contínuo desenvolvimento e de amadurecimento, a Declaração de 1948 tem suscitado constantemente o compromisso internacional de proteger indivíduos e grupos contra ações ou omissões dos governos que atentem contra a dignidade humana, sobretudo das minorias. Isso explica o surgimento de várias outras declarações universais e/ou internacionais nas últimas décadas, como: o Pacto Internacional sobre os Direitos Civis e Políticos; o Pacto Internacional sobre os Direitos Econômicos, Sociais e Culturais; a Convenção Internacional sobre a Eliminação de Todas as Formas de Discriminação Racial; a Convenção sobre a Eliminação de Todas as Formas de Discriminação Contra as Mulheres; a Convenção sobre os Direitos da Criança; a Convenção Contra a Tortura e Outras Penas ou Tratamentos Cruéis, Desumanos ou Degradantes; a Convenção Internacional sobre a Proteção dos Direitos de Todos os Trabalhadores Migrantes e dos Membros das suas Famílias; a Convenção Internacional para a Proteção de Todas as Pessoas Contra os Desaparecimentos Forçados; a Convenção sobre os Direitos das Pessoas com Deficiência; a Convenção Interamericana sobre a Proteção dos Direitos Humanos dos Idosos; a Resolução da ONU sobre Direitos Humanos, Orientação Sexual e Identidade de Gênero.

[15] Isso explica por que a formulação jurídica de tais direitos pode ser revista e enriquecida continuamente, pois fundamenta-se eticamente na dignidade da pessoa humana, e é este o absoluto. Segundo Junges, "a formulação jurídica dos direitos humanos dependeu de circunstâncias históricas e culturais que encarnaram as implicações éticas do respeito absoluto à pessoa humana. Os direitos como expressão não esgotam a validade absoluta da dignidade. Daí a necessidade de

a dignidade do ser humano que está na base dos direitos inalienáveis do homem".[16]

Ilsa Lottes, depois de apontar em linhas gerais o caminho percorrido pelos direitos humanos após a Declaração Universal dos Direitos Humanos ser adotada, em 1948, pela Assembleia Geral da Organização das Nações Unidas, propõe algumas características e valores associados aos direitos humanos que vale a pena indicar aqui, pois ajudam a compreender melhor o significado de um *a priori* ético, como a dignidade humana, ter de ser expresso por meio de formulações jurídicas. São 11 as características indicadas por ela:[17] 1. *universalidade*: os direitos humanos são direitos de todos os humanos, independentemente de quem são ou de onde vivem; 2. *igualdade*: todos os humanos têm os mesmos direitos e, portanto, as oportunidades devem ser iguais para todos; 3. *foco individual e de grupo*: os direitos humanos referem-se às relações entre os indivíduos e seus governantes, mas podem também ser reivindicados por grupos, quando ameaçados; 4. *responsabilidade governamental*: os direitos humanos têm precedência em relação a leis locais e nacionais, e as vítimas dos abusos de tais direitos devem contar com apoio efetivo e tempestivo por parte do governo; 5. *autonomia-autodeterminação-personalidade*: todas as pessoas deveriam ser capazes de fazer escolhas e agir de acordo com suas convicções pessoais; 6. *dignidade*: a dignidade de cada pessoa é digna de respeito, independentemente de quem seja; 7. *diversidade-não discriminação*: as pessoas diferem umas das outras em relação a valores e expressão de si mesmas e, independentemente de qualquer

---

uma contínua atualização dos direitos, de acordo com os novos contextos socioculturais". JUNGES. *Bioética*. Hermenêutica e Casuística, p. 135.

16 RENAUD. A dignidade do ser humano como fundamentação ética dos direitos do homem, p. 136.

17 LOTTES, Ilsa L. Sexual Rights: Meanings, Controversies, and Sexual Health Promotion. *Journal of Sex Research* 50/3-4 (2013): 369.

coisa, devem ser aceitas como são; 8. *interconectividade e interdependência*: os direitos humanos estão conectados uns aos outros e dependem uns dos outros para que sejam plenamente realizados; 9. *indivisibilidade*: os direitos humanos constituem um todo e não podem ser arbitrariamente selecionados para serem promovidos; 10. *legitimidade*: os direitos humanos obrigam os governos a agirem ou a se omitirem quando está em jogo o respeito, a promoção e a defesa dos direitos das pessoas e de grupos; 11. *garantia internacional e proteção legal*: os direitos humanos constituem uma plataforma comum a partir da qual se deve assegurar o respeito à dignidade humana em todo tempo e em todo lugar.

Ficam, portanto, claras as consequências práticas quando tais características são relacionadas também à dignidade humana:

1. pelo simples fato de ser humana, toda pessoa tem direitos que lhe devem ser assegurados;
2. o fato de todos terem os mesmos direitos não significa que devam ser tratados da mesma forma, mas que, muitas vezes, impõe-se redistribuição de poder e recursos para que tenham as mesmas oportunidades;
3. as pessoas precisam ser capacitadas a fazer opções devidamente bem informadas e conscientes;
4. o respeito à dignidade da pessoa não está condicionado ao que ela é ou faz, mas é incondicional;
5. o respeito à diversidade deve ser juridicamente garantido e, por isso, nenhuma lei ou política que gere discriminação ou provoque um impacto discriminatório pode ser aprovada;
6. a violação de um único direito humano que seja favorece a violação dos demais, pois todos se referem à mesma pessoa;

7. nenhum direito humano pode ser negligenciado e, mesmo que seja impossível dispor de recursos para a promoção de todos ao mesmo tempo, o empenho para conseguir tais recursos se impõe sobre a satisfação com a promoção de um ou outro direito;
8. os direitos humanos não podem ser violados propositadamente, mas devem ser protegidos e promovidos por meio de ações, legislações e políticas que os defendam e promovam;
9. tanto os indivíduos quanto determinados grupos podem reivindicar que as sociedades e os governantes protejam e promovam seus direitos, especialmente quando são desrespeitados e abusados;
10. cada nação é responsável por fazer respeitar e manter os direitos humanos e as reivindicações que deles derivam;
11. num contexto em que as relações de poder são também em escala mundial, o respeito à dignidade humana e, consequentemente, aos direitos humanos deve ser garantido por acordos e convenções internacionais.

1.3 O respeito à dignidade e a defesa dos direitos fundamentais do humano

Para compreendermos mais profundamente a relação existente entre dignidade humana e direitos humanos é preciso considerar a diferença entre um bem e um valor.

De acordo com Junges — e é nele que me inspiro para as reflexões que seguem —, "o valor da vida humana consiste em ser a base de suporte de uma existência pessoal, o lugar da liberdade que se plasma a si mesma, o pressuposto e o substrato de uma história irrepetível, a condição de possibilidade de relações intersubjetivas.

Portanto, a vida é o bem básico e fundamental em relação a todos os outros bens e valores da pessoa humana".[18]

O bem é uma realidade pré-moral, isto é, uma realidade que existe independentemente da conduta e da vontade da pessoa. Nesse sentido, o bem adquire moralidade quando há relação e intencionalidade para com ele. A vida, por exemplo — assim como a saúde, a sexualidade, a família e a procriação —, é um bem pré-moral, isto é, um bem que não depende da consideração do sujeito e deve ser defendido juridicamente.

O valor, por sua vez, é uma qualificação do objeto em relação e da intencionalidade dada a ele. Ele não tem sentido independentemente da relação e da conduta humana. A justiça, a fidelidade, a honestidade, a veracidade são valores, isto é, são qualidades do agir. É com base neles que orientamos nossa conduta; são eles as motivações do nosso agir. Os valores são, portanto, essencialmente morais. Não sendo dados *a priori,* mas uma qualificação do agir, eles só podem ser apreendidos nos atos em que a pessoa esteja envolvida. A pessoa, por meio da ação, apropria-se do sentido do valor e o transforma em atitude concreta. Não há dúvida de que esse processo está condicionado ao *ethos* em que a pessoa vive e à sua capacidade de sensibilidade para deixar-se tocar pela ação e responder às exigências que dela derivam. Assim, algo pode *ter* valor para a pessoa ou *ser* um valor para ela. No primeiro caso, o valor é algo relativo, subjetivo; no segundo, é absoluto e universal.

Um bem pode adquirir valor, mas isso depende da ação empreendida diante dele. A vida, por exemplo, sendo um bem pré-moral, pode adquirir valor e tornar-se moral dependendo da intencionalidade da ação, isto é, ela pode ser fim ou objeto; a ação, nesse caso, pode ser de defesa, promoção, cuidado ou de uso, posse e abuso.

---

18 JUNGES. *Bioética*. Perspectivas e desafios, p. 116.

Se os bens podem ser conflitantes e se pode haver conflito entre bens e valores, o mesmo não se pode dizer dos valores. Sendo a moralidade intrínseca a eles, nunca se pode ir contra os valores e nem haver conflito de valores. Existe uma hierarquia quanto aos bens e uma urgência quanto aos valores.[19] Por outro lado, tanto os bens quanto os valores relacionam-se mutuamente, pois ambos se referem à dignidade da pessoa humana. A dignidade é respeitada e efetivada se os diferentes bens são respeitados e concretizados. É nesta perspectiva que se entende a finalidade (*thelos*) mais profunda dos direitos humanos: cabe a eles defender os bens e possibilitar a sua consecução. Em outras palavras, não é possível falar de respeito à dignidade sem promoção e defesa dos direitos fundamentais do humano.

Quanto aos valores morais, eles também se referem a um bem que se quer preservar. Quando, por exemplo, a vida se encontra ameaçada, a justiça, o respeito, a solidariedade são as expressões mais evidentes do apreço pela dignidade humana, bem primordial de cada ser humano. A vida, portanto, é um bem em si mesmo e por si mesmo. Sendo a base de todos os outros bens, ela não é "medida" em relação a eles. Ela goza de valorização que não depende de circunstâncias e situações. Aprecia-se a vida de todos, sem discriminação.

Do que foi dito até agora, resultam ao menos seis conclusões práticas:
1. a dignidade humana não pode ser reduzida a uma característica artificial atribuída de forma consensual ao ser humano. Se assim o fosse, ela seria apenas ficção moral e jurídica, manipulável conforme os interesses daqueles que defendem determinados direitos de acordo com as exigências do contexto em que se vive, e não serviria

---

19 JUNGES. *Bioética*. Perspectivas e desafios, p. 116-117.

como base para fundamentar direito algum. A dignidade humana é intrínseca à natureza humana, a ponto de ser o elemento definidor que a caracteriza. Como já foi dito, ela é uma qualidade própria do humano, pelo simples fato de a pessoa existir e fazer parte da humanidade, e, portanto, não pode ser simplesmente atribuída a ele. Afirmar a dignidade da pessoa humana não implica negar a complexidade e a pluralidade da sua identidade. Esta, sim, se constrói no tempo a partir das opções que a pessoa faz. Teremos sempre dignidade, mesmo que o nosso modo de nos comportar não seja digno;[20]

2. o conceito de dignidade pode ser meramente abstrato se for reduzido a um imperativo válido para todos, segundo o qual ninguém pode ser tratado como meio, mas deve ser sempre considerado como fim em si mesmo. Em outras palavras, tal imperativo não diz o que deve ser feito e, portanto, carece de conteúdo. Para evitar este tipo de reducionismo, a pessoa humana deve ser considerada sempre no seu contexto sociocultural, com suas necessidades e expectativas, suas conquistas e dores. Não é o ser humano em geral que sofre, mas a pessoa concreta que vive nesta ou naquela situação, que pertence a este ou àquele gênero, que é explorada desta ou daquela forma, que é submetida a este ou aquele modo de exclusão. Basta considerar, por exemplo, a dignidade da mulher, do empobrecido, do moribundo;[21]

---

20 Ver o excelente texto de: RUGGERI, Antonio. Dignità umana: biogiuridica. In: RUSSO, Giovanni (a cura di). *Nuova enciclopedia di bioetica e sessuologia*. Torino: Elledici, 2018, p. 769-776, especialmente p. 773-775.

21 MONSALVE, Viviana Bohórquez; ROMÁN, Javier Aguirre. As tensões da dignidade humana: conceituação e aplicação no direito internacional dos direitos humanos. *SUR. Revista Internacional de Direitos Humanos*, São Paulo 6/11 (2009): 46.

3. a dignidade humana, embora possa ser assumida como princípio que orienta uma série de acordos sobre a promoção do humano, pode também ser considerada um "critério de interpretação a favor do sentido mais amplo dos direitos humanos. Em linhas gerais, é inegável que os postulados gerais e abstratos dos tratados internacionais de proteção que resguardam a dignidade humana de todas as pessoas têm uma gama de cores quando se trata de aplicá-los em casos concretos. [...] Apelar ao respeito da dignidade humana na atualidade constitui uma saída positiva a favor dos direitos humanos".[22] Isso significa que a dignidade humana pode ser assumida como chave hermenêutica para discernir quais direitos são essenciais para a sua realização como pessoa;
4. os direitos humanos levam em conta o que a pessoa deveria ser, isto é, o ideal de pessoa humana e, consequentemente, de vivência humana. Portanto, não dependem tanto da realidade do que é hoje a pessoa. São direitos da pessoa e, ao mesmo tempo, "exigências ideais que apontam para a realização mais plena da pessoa humana" e, por isso, mesmo sendo subjetivos, "são imprescritíveis, universais, inalienáveis, irrenunciáveis".[23] Em outras palavras, mesmo que a pessoa viva em condições sub-humanas, os seus direitos têm de ser reconhecidos e, consequentemente, respeitados. Mais ainda, sendo eles anteriores a qualquer reconhecimento jurídico, cabe ao Estado propiciar as condições para que as pessoas possam assumi-los como caminho de realização humana. Isso significa que todos,

---

[22] MONSALVE; ROMÁN. As tensões da dignidade humana: conceituação e aplicação no direito internacional dos direitos humanos, p. 59.
[23] TORRES. Direitos Humanos, p. 610.

mas sobretudo as pessoas mais vulneráveis, gozam de proteção legal e, sobretudo, do direito a condições que favoreçam maior qualidade da vida;

5. o fato de os direitos humanos evoluírem durante a história não significa que sejam relativos. Eles podem adquirir novos conteúdos à medida que mudam as circunstâncias socioculturais e a compreensão científica sobre o ser humano, assim como sobre determinados fenômenos. Quando precisam ser afirmados com vigor é porque tornou-se mais clara a compreensão da dignidade da pessoa humana. Hoje as pessoas enfrentam problemas com os quais nem sonhavam ontem. Nesse sentido, os direitos humanos têm uma função crítica da realidade. A serviço da dignidade humana, eles não podem ser manipulados ou usados ideologicamente. Reduzir o significado dos direitos humanos apelando para o fato de as pessoas serem "viciadas", "perigosas", "bandidas" significa aceitar que somente pessoas que vivam em determinadas situações tenham direitos e, portanto, negar que tais direitos sejam de todos, independentemente da situação na qual se encontram;

6. o lugar a partir de onde se elabora a reflexão sobre os direitos humanos condiciona, e muito, o modo de ver e interpretar a realidade. Considerar os direitos humanos com base nos mais vulneráveis, isto é, naqueles que têm mais possibilidades de serem feridos, excluídos e descartados, implica lutar por eles e até mesmo no lugar deles, visto que, muitas vezes, encontram-se em situação tão degradante que não podem ou não conseguem ser protagonistas da luta por aquilo que lhes pertence, que são direitos seus. Torna-se evidente que a prioridade, nessa

perspectiva, é dada ao direito do outro que não pode se defender pelas condições nas quais se encontra. Mas a condição fundamental para que isso seja possível é a de que eu não renuncie à defesa dos meus próprios direitos, mas a coloque em segundo plano.[24]

Para Rosalind Petchesky, os direitos humanos não significam nada se não respondem às necessidades concretas das pessoas. Para ela, os direitos humanos constituem "a codificação das necessidades, reformuladas como normas éticas e legais, e implicam, por parte daqueles que estão no poder, que provejam todos os meios necessários para garantir que tais necessidades sejam atendidas".[25] Somente assim é possível assegurar que a dignidade de cada pessoa seja respeitada e evitar o que infelizmente ocorre quando isso não acontece: porque o ser humano vive em-relação-com, quando se atenta contra a dignidade de uma pessoa, atenta-se contra a humanidade, fazendo com que o desrespeito às necessidades de grupos minoritários subjugue tais grupos ao poder e ao capricho dos que fazem parte da maioria.

É evidente que os direitos por si só não regulam todos os comportamentos das pessoas; mas, considerando que eles indicam o que pode e/ou deve ser feito, acabam orientando as relações entre as pessoas e os deveres para com elas.[26] Não deixam de ser, portanto, expressão do respeito à sua dignidade.

---

24 TORRES. Direitos Humanos, p. 625.
25 PETCHESKY, Rosalind P. Rights and Needs: Rethinking the Connections in Debates Over Reproductive and Sexual Rights. *Health and Human Rights* 4/2 (2000): 21.
26 Ver: BOERSEMA, David. *Philosophy of Human Rights*. Theory and Practice. Boulder, CO: Westview Press, 2011, p. 13.

II - SEXUALIDADE HUMANA: A PESSOA SEXUAL

Para podermos compreender bem o significado de os direitos sexuais serem promovidos e assegurados a todas as pessoas, é importante que nos detenhamos no significado de duas dimensões que são constitutivas da personalidade: a sexualidade e a orientação afetivo-sexual.[27] Passam-se décadas, séculos e milênios, e a sexualidade humana continua uma das realidades mais estudadas. A riqueza de significados das suas várias dimensões (biológica, psicológica, sociocultural, religiosa, política, jurídica) parece ser inesgotável. E é justamente isso que a faz ser sempre uma realidade fascinante. Ao mesmo tempo em que a sexualidade constitui a maior riqueza do ser humano, é também sua maior vulnerabilidade. Como qualquer realidade humana — e talvez mais ainda pelo mistério que a envolve —, a sexualidade é "lugar" das mais profundas e belas experiências, como também das mais dramáticas e obscuras frustrações.

A mesma realidade que pode ser "lugar" da experiência de amor, fidelidade, reciprocidade, compromisso, pode ser "lugar" da experiência de violência, uso, infidelidade, abuso. Se, por um lado, ela pode expressar prazer, por outro, pode expressar sofrimento. Enfim, a profunda ambivalência que caracteriza a sexualidade

---

27 Este capítulo repropõe, numa nova estrutura, o conteúdo do texto: ZACHARIAS, Ronaldo. Ética e sexualidade: em vista da compreensão integral da sexualidade humana. In: DIEHL, Alessandra; VIEIRA, Denise L. (Orgs.). *Sexualidade: do prazer ao sofrer*. 2 ed. Rio de Janeiro: Roca, 2017, p. 371-382.

humana indica-nos que não podemos deixar de considerar uma dimensão inerente a ela: a dimensão ética.

Abordar a sexualidade a partir do ponto de vista ético não é tarefa fácil, pois obriga-nos a abandonar a tão conveniente indiferença e a pretensa neutralidade em relação aos seus significados e valores. Nunca se estudou tanto a sexualidade quanto no nosso tempo; mas, mesmo assim, temos de convir que Antônio Moser tem razão quando afirma: "Um dos grandes problemas encontrados quando se quer abordar questões de sexualidade e afetividade é o de que todos se julgam especialistas na área. Como há uma superexposição na mídia, tudo parece muito claro. E contudo, tanto de um ponto de vista teórico quanto prático, é exatamente nas evidências aceitas por todos que mora o perigo: o perigo de uma douta ignorância".[28]

Ousaria acrescentar que o perigo da douta ignorância é ainda maior quando estudiosos da sexualidade ignoram que somente uma reflexão ética é capaz de fazer emergir os seus significados irrenunciáveis e, portanto, imprescindíveis quando se trata de realização autenticamente humana. A reflexão a seguir será apresentada em três partes: num primeiro momento, explicitarei o significado da sexualidade e da orientação afetivo-sexual; em seguida, o significado ético da sexualidade e da orientação afetivo-sexual; e, por fim, o respeito à pessoa sexual e ao seu direito de autorrealização. Acredito estar, dessa forma, pavimentando o terreno para abordar o tema dos direitos sexuais.

---

28 MOSER, Antônio. *Casado ou solteiro, você pode ser feliz*. Petrópolis: Vozes, 2006, p. 30.

2.1 Significado da sexualidade e da orientação afetivo-sexual

A sexualidade, como modo de ser e de viver o amor humano, é uma dimensão constitutiva da existência humana. Por ser um componente fundamental da personalidade, a sexualidade caracteriza o que a pessoa é e o seu modo de se colocar diante dos outros. Justamente por impelir a pessoa a sair de si e a entrar em relação com os demais, a sexualidade torna-se o "lugar" por excelência dessa experiência, "lugar" de abertura e de diálogo, "lugar" de comunicação e comunhão, "lugar" da mais genuína experiência da reciprocidade e do amor.[29]

Assim como a sexualidade é uma dimensão constitutiva do humano, o mesmo se pode dizer da orientação afetivo-sexual — atração erótico-emocional-afetiva por determinadas pessoas, sejam elas do sexo oposto, sejam do mesmo sexo —: ela é uma dimensão fundamental do ser humano, a ponto de podermos dizer que se trata de uma "condição antropológica", isto é, de um modo de existir profundamente caracterizado pelo tipo de atração que a pessoa sente.[30] As pessoas relacionam-se umas com as outras como homens ou como mulheres que se sentem mais ou menos atraídos ou atraídas pelo sexo oposto, pelo mesmo sexo ou por ambos. Em outras palavras, os desejos também permeiam as relações, sobretudo aquelas em que um acolhe o outro na própria intimidade. Justamente porque ninguém escolhe a própria

---

29 PIANA, Giannino. Sexualidade. In: LEONE, Salvino; PRIVITERA, Salvatore; CUNHA, Jorge Teixeira da (Coords.). *Dicionário de Bioética*. Vila Nova de Gaia (Portugal)/Aparecida: Editorial Perpétuo Socorro/Santuário, 2001, p. 1022. Ver também: GONÇALVES, Ana Cristina Canosa; RIBEIRO, Marcos; ZACHARIAS, Ronaldo. Olhando para o futuro: educação e prevenção em saúde sexual. In: DIEHL, Alessandra; VIEIRA, Denise Leite (Orgs.). *Sexualidade:* do prazer ao sofrer. 2 ed. Rio de Janeiro: Roca, 2017, p. 659-660.
30 VIDAL, Marciano. Ética da sexualidade. São Paulo: Loyola, 2017, p. 119.

orientação afetivo-sexual, mas a descobre à medida que vai crescendo e amadurecendo, é preciso reconhecer que, além de ser compreendida e aceita, ela precisa ser integrada no próprio projeto de vida, pois a realização do próprio desejo condiciona, e muito, a realização humana. Tudo isso se torna ainda mais significativo se considerarmos o fato de que, de acordo com os dados de que dispõe a comunidade científica, a pessoa não pode mudar sua orientação afetivo-sexual.[31]

Não podemos, no entanto, pensar a sexualidade e a orientação afetivo-sexual como realidades desvinculadas do próprio corpo. A pessoa existe como realidade corpórea e, a partir do seu corpo, descobre-se como ser sexuado. É o corpo a base de todas as relações estabelecidas e o lugar onde eclodem todos os desejos, a ponto de podermos afirmar, com Carter Heyward e Marvin Ellison, que o anseio humano por amor e mutualidade é uma realidade corpórea.[32] O fato de *ser* um corpo, e não apenas *ter* um corpo, leva a pessoa a tomar consciência que o seu corpo revela e expressa quem ela é. A corporeidade é o modo específico de a pessoa existir.

Assim como a sexualidade e a orientação afetivo-sexual, também o corpo sexuado precisa ser integrado num projeto de vida que lhe dê significado. Desvinculados de um projeto de vida, eles podem comprometer seriamente a realização humana. Por mais

---

31 COSTA, Ronaldo Pamplona da. *Os onze sexos*. As múltiplas faces da sexualidade humana. 4 ed. São Paulo: Kondo, 2005, p. 57-66. Vale a pena a leitura da obra de STEIN, Edward. *The Mismeasure of Desire*. The Science, Theory, and Ethics of Sexual Orientation. New York: Oxford University Press, 1999. O autor aborda o tema da orientação sexual em três perspectivas — metafísica, científica e ética — com a intenção de esclarecer a sua natureza, o seu desenvolvimento e o seu significado.

32 HEYWARD, Carter. *Touching our Strength:* the Erotic as Power and the Love of God. San Francisco: Harper & Row, 1989, p. 3; ELLISON, Marvin M. *Erotic Justice:* a Liberating Ethic of Sexuality. Louisville: Westminster John Knox Press, 1996, p. 2.

diversas as razões pelas quais as pessoas vivem, há uma comum a todas: querem amar e ser amadas. Nesse sentido é que o amor pode ser assumido como significado mais profundo da própria existência e, portanto, do próprio projeto de vida. Mais ainda, se o amor é a única realidade capaz de humanizar a sexualidade e a orientação afetivo-sexual, ele pode ser assumido como "o" projeto de vida por excelência. Nesse sentido, sendo o corpo sexuado, ele também revela e exprime o significado último da existência humana. A corporeidade é o modo específico de a pessoa amar.[33]

O fato de assumir o amor como "o" projeto de vida por excelência não diz à pessoa o que ela tem de fazer para amar e demonstrar efetivamente que ama. Além de exigir dela uma atitude contínua de discernimento para poder descobrir quais as exigências concretas do amor numa específica relação, a consciência dessa realidade implica também o reconhecimento de que tanto a pessoa quanto suas relações são sempre vulneráveis. Em outras palavras, o fato de o amor constituir o sentido mais profundo da existência e de a sexualidade ser chamada a expressar esse sentido torna-a, ao mesmo tempo, linguagem da riqueza ou da fragilidade desse sentido e/ou da sua autenticidade.

Não podemos desconsiderar, no entanto, o fato de a sexualidade humana ser um projeto vital realizável apenas na medida em que a pessoa assume um fenômeno presente em sua vida e o transforma numa experiência pessoal, isto é, na medida em que personaliza o sexual. Isso não é tarefa fácil, se considerarmos, por exemplo, a ambivalência do desejo sexual: a totalidade da sua aspiração confronta-se com a contingência do prazer no qual tal aspiração quer satisfazer-se. Por mais prazerosa que seja a satisfação de um desejo, sempre testemunha que o sexo promete o que não

---

33 MOSER, Antônio. *O enigma da esfinge:* a sexualidade. Petrópolis: Vozes, 2001, p. 60-62.

pode dar, pois o prazer em si mesmo é incapaz de satisfazer a infinita capacidade que a pessoa tem de ser amada. O *eu* não pode ter a pretensão de bastar-se para o *tu* e vice-versa.[34] Nesse sentido, embora o prazer sexual expresse o desejo e a abertura à mutualidade, ele é apenas um meio para isso; mais do que uma realidade a ser reivindicada contra qualquer limite, ele é a expressão do limite da dependência do tempo e do outro. Por mais que se queira, dura apenas uns instantes e está sujeito a tudo o que é necessário para que uma relação seja, de fato, prazerosa. Mas, mesmo assim, não há como negar que o prazer tem de ser acolhido e integrado no próprio projeto de vida, como expressão do próprio anseio por mutualidade e amor. Só assim a pessoa será capaz de compreender e apreciar seus impulsos sexuais como dons que a levam ao relacionamento com outros.[35]

Por fim, não podemos ignorar que, embora sejam dimensões constitutivas do humano, tanto a sexualidade quanto a orientação

---

[34] Vale aqui o alerta que Woodhead nos faz: "A relação sexual não é uma relação de dois sobre a qual tudo o mais deve ser construído, mas é ela mesma construída dentro de uma rede de relacionamentos mais amplos. É apenas em relação a esse contexto mais amplo que florescem os relacionamentos sexuais plenos e duradouros. O contexto de um ou dois é inadequado para a plenitude da existência sexual". WOODHEAD, Linda. Sex in a Wider Context. In: DAVIES, Jon; LOUGHLIN, Gerard (Eds.). *Sex These Days:* Essays on Theology Sexuality and Society. Sheffield: Sheffield Academic Press, 1997, p. 109-110.

[35] Ver os excelentes trabalhos de: JESUS, Ana Márcia Guilhermina de; OLIVEIRA, José Lisboa Moreira de. *Teologia do prazer*. São Paulo: Paulus, 2014; DACQUINO, Giacomo. *Viver o prazer*. São Paulo: Paulinas, 1992. Embora desejo e prazer sexuais tenham um sentido ambivalente, é inegável que os relacionamentos aos quais nos impelem podem ser uma oportunidade de compreendermos que o outro é uma pessoa que não pode ser reduzida ao seu corpo físico. Como pessoa, o outro tem sentimentos que precisam ser contextualizados, isto é, ser compreendidos, respeitados e partilhados. E não só o outro, mas eu mesmo sou uma pessoa com sentimentos que precisam de contextualização. Resulta que os relacionamentos precisam de tempo para amadurecer, e esse tempo necessário depende da maturidade afetiva das pessoas envolvidas.

afetivo-sexual não são algo que simplesmente se define e se atribui à pessoa. Ao contrário, é a consciência da pessoa sobre si mesma que cresce e amadurece com o tempo num determinado contexto sociocultural, num processo de recíproca interação. Em outras palavras, tanto as pessoas quanto as suas relações são, inseparável e dinamicamente, um dado da natureza e um produto da cultura. Aqui chamo a atenção para dois possíveis equívocos derivados do fato de, na compreensão da sexualidade, absolutizarmos tanto a natureza quanto a cultura. Primeiro, considerando por natureza aquele núcleo que constitui o ser profundo de cada pessoa, corremos o risco de reduzi-la a uma realidade a-histórica e fixista da qual derivam imperativos éticos. No entanto, o que compreendemos por natureza humana não é outra coisa senão a pessoa humana, ser-no-mundo, ser-com-os-outros, ser-aberto-ao-futuro, ser-aberto-ao-outro. Trata-se de uma realidade dinâmica, personalista e relacional. É por isso que a eticidade dos atos não pode mais ser definida com base na estrutura física e biológica de tais atos, mas deve ser definida, de acordo com Todd Salzman e Michael Lawler, "com base no significado desses atos para pessoas e relações".[36]

Segundo, considerando a cultura como o modo de ser e de viver de um povo, corremos o risco de nos esquecer de que não podemos absolutizar um determinado modo de viver, pois, seja ele qual for, é sempre resultado de processos históricos condicionados por uma multiplicidade de interesses, pressupostos, ideologias, circunstâncias, hermenêuticas. Justamente por isso, a ética não pode identificar-se com nenhuma das configurações socioculturais existentes e, muito menos, admitir todas as formas

---

36 SALZMAN, Todd A.; LAWLER, Michael G. *A pessoa sexual*. Por uma antropologia católica renovada. São Leopoldo: UNISINOS, 2012, p. 92. Assim como a natureza não pode ser identificada com características e comportamentos que a evolução histórica demonstra serem fatos de cultura, ela também não pode ser a fonte de todas as indicações do dever-ser, dever muitas vezes limitado e ambíguo.

possíveis. Para Moser, "natureza e cultura vivem num processo dialético permanente, e a sexualidade é o lugar por excelência onde cultura e natureza se articulam".[37] Por isso, não é mais possível tratar questões sexuais partindo de essências imutáveis de gênero e sexo, por exemplo, como se fosse possível ignorar que não existe nada que não esteja profundamente integrado à cultura. Do mesmo modo, não é possível aprovar todas as expressões do comportamento sexual pelo simples fato de serem próprias de uma determinada cultura. É preciso reconhecer que até mesmo uma forma correta de comportamento sexual pode passar por uma transformação cultural que leve a um grau maior de personalização e humanização. O discernimento ético impõe-se como forma de desmascarar e denunciar as ideologias e as manipulações da sexualidade, sobretudo quando incitam a práticas discriminatórias, racistas, violentas e persecutórias.[38]

Em síntese, não resta dúvida de que a sexualidade humana é uma realidade complexa. No entanto, "toda esta complexidade é resolvida de maneira definitiva numa unidade: a pessoa humana".[39] Por ser uma realidade da pessoa, a questão mais importante a ser considerada é sobre o que a sexualidade representa na vida da pessoa. Influenciada e, em certo sentido, até condicionada pelo sexo que a pessoa tem, a sexualidade é muito maior do que ele. Trata-se de uma realidade que abarca o ser humano na sua totalidade e, portanto, "pressupõe, exprime e realiza o mistério integral da pessoa".[40] Trata-se, também, de uma "realidade dinâmica", em

---

37 MOSER. *O enigma da esfinge*, p. 83.

38 Ver o excelente artigo de PERES, Wiliam Siqueira. Juventudes, diversidades sexuais e processos de subjetivação. In: PESSINI, Leo; ZACHARIAS, Ronaldo (Orgs.). Ética Teológica e Juventudes. Interpelações recíprocas. Aparecida: Santuário, 2013, p. 51-84.

39 VIDAL. Ética da sexualidade, p. 19.

40 VIDAL. Ética da sexualidade, p. 23.

contínua evolução, "orientada para a integração pessoal".[41] Trata-se, ainda, de uma realidade que é parte integrante da personalidade humana, capaz de favorecer ou comprometer a realização da pessoa durante toda a sua existência. A sexualidade, diferentemente da genitalidade, expressa quem a pessoa é, caracteriza o seu modo de ser e de viver o amor humano. Segundo Moser, "a sexualidade é uma das energias estruturantes do ser humano, que perpassa toda a realidade humana [...] e se apresenta com uma multiplicidade de dimensões".[42] Justamente porque a sexualidade humana difere da sexualidade animal, ela é chamada a integrar genitalidade, afetividade e relação interpessoal. Mais do que um conjunto de técnicas e meios para a obtenção do prazer, ela constitui uma linguagem de pessoas e, por isso, é chamada a integrar-se num projeto de vida que tenha o amor como seu significado mais profundo. Por isso que, eticamente, uma autêntica compreensão da sexualidade humana pressupõe uma determinada antropologia e uma aproximação interdisciplinar.

2.2 Significado ético da sexualidade e da orientação afetivo-sexual

Pelo fato de a pessoa humana ser um ser-em-relação, temos de admitir que ela não existe nem se realiza senão na relação com os outros. Para Margaret Farley, "as pessoas humanas são essencialmente *relação*, com necessidades interpessoais e sociais e capacidade de abertura aos outros, inclusive a Deus, em conhecimento, amor e desejo".[43] Dessa consideração deriva que

---

41 VIDAL. Ética da sexualidade, p. 22.
42 MOSER. *O enigma da esfinge*, p. 35-36.
43 FARLEY, Margaret A. *Just Love:* a Framework for Christian Sexual Ethics. New York/London: Continuum, 2006, p. 210.

o respeito à pessoa, seja qual for a relação estabelecida com ela, fundamenta-se no fato de ser autônoma e capaz de relação. E tal respeito se expressa em tratá-la como fim, e nunca como mero meio. Por ser autônoma, a pessoa é capaz de livre escolha, de autodeterminação em relação não apenas às próprias ações, mas também aos próprios amores e ao significado da própria vida. Quando tratada como mero meio, a pessoa resulta violada em sua autonomia. Porém, a pessoa é o que é não somente porque é autônoma em relação ao sentido da própria vida, mas porque transcende a si mesma por meio da capacidade de conhecer e amar. Quando tratada como mero meio, a pessoa é violada em seu valor incondicional. Portanto, autonomia e relacionalidade são dimensões do humano que se exigem reciprocamente. Segundo Farley, "não podemos crescer na liberdade a não ser em-relação-com", o que faz com que "nossa liberdade exista em função do bem das relações que estabelecemos".[44] Eticamente está em jogo a qualidade das próprias relações, pois nem todas colaboram para a humanização e para a qualidade do modo de se colocar diante dos outros, pois nem todos os modos geram relações de reciprocidade.

Se é o amor que humaniza a sexualidade, vale uma consideração sobre ele. Em geral, tendemos a considerá-lo como critério exclusivo para o juízo de valor do comportamento sexual, isto é, se as pessoas se amam, o que elas vivem é eticamente bom. Mas isso não é verdade, porque o amor, em si mesmo, é geralmente desprovido de conteúdo. Isso significa que, antes de assumirmos o amor como critério para o juízo de valor, precisamos saber o que ele significa, qual conteúdo é atribuído a ele. Assumo aqui a proposta feita por Edward Vacek: considerar o amor como uma afetiva e/ou efetiva afirmação da bondade de um ser e da sua plena realização.[45] Afirmar

---

44 FARLEY. *Just Love*, p. 214.
45 VACEK, Edward C. *Love, Human and Divine:* the Heart of Christian Ethics. Washington: Georgetown University Press, 1994, p. 34 e 44.

o outro significa desejar o seu bem, e isso implica decisão da vontade. Nós amamos se queremos/decidimos amar, isto é, se optamos por sair do centro e pôr o outro em nosso lugar. Portanto, o amor, quando autêntico, leva-nos para fora de nós mesmos e abre-nos ao outro. E, ao reconhecermos o outro como alguém a ser amado, reconhecemos todos os seus direitos de se realizar como pessoa.

Se, para quem ama, o amor é uma decisão da vontade, para quem se sente amado ele é, num primeiro momento, receptividade, isto é, uma resposta espontânea a quem é amável. Isso significa que a pessoa pode, sim, influenciar seus amores prestando maior ou menor atenção a quem os manifesta, escolhendo acreditar ou não em tais manifestações. Isso faz com que o amor seja também um juízo de valor. A pessoa o submete à própria liberdade, identifica-se ou não com ele e livremente o ratifica. Quando isso acontece, ela torna-se responsável pelos seus amores. A pessoa pode também, é claro, não ratificá-lo e ignorá-lo. O fato é que seus amores são resultado das suas escolhas. Até sentimentos e emoções mudam quando entram em conflito com o amor escolhido; algumas vezes são ignorados e outras vezes dá-se a eles livre trânsito na própria vida. Isso significa que o juízo de valor é também influenciado pelos próprios sentimentos e emoções. Por mais que se queira ser objetivo, a própria subjetividade entra com tudo no juízo de valor. Daí a importância de fazer com que ela seja continuamente interpelada por valores, princípios e normas objetivas, até mesmo para diminuir a possibilidade de erro nas decisões a serem tomadas. Mas isso não é tarefa fácil, sobretudo quando vivemos num contexto para o qual a dimensão ética da existência e, no caso, da sexualidade não conta muito.

Um exemplo concreto do empobrecimento do significado do amor é o entendimento de que "fazer amor" é um dos sentidos mais comuns da atividade sexual. Objetivamente, podemos apenas afirmar que as pessoas, quando se envolvem intimamente, estão tendo relações de intimidade, genitais ou não, e nada além disso. O fato de estarem ou não amando é outra coisa. Para que uma relação de intimidade seja expressão de amor — não importa se a pessoa é hétero ou homossexual —, ela deveria favorecer a reciprocidade, expressar e fortalecer o relacionamento interpessoal e, portanto, ser o resultado da liberdade das pessoas envolvidas.[46] Sendo o amor uma afetiva e/ou efetiva afirmação do bem do outro, uma relação de intimidade só pode expressar amor quando o bem do outro estiver acima do próprio interesse. O outro, por exemplo, não poderia ser reduzido a um mero meio para obtenção de prazer. Para chamar amorosa uma relação, isto é, para que o amor de fato aconteça, não basta que a pessoa ame, mas é preciso que o seu amor seja reconhecido como amor. Caso contrário, não haverá mutualidade.[47] De acordo com Farley, "o amor é verdadeiro e justo, certo e bom, enquanto for uma resposta verdadeira à realidade da pessoa amada, uma união genuína entre aquele que ama e a pessoa amada, e uma precisa e adequada afetiva afirmação da pessoa amada".[48] Para Salzman e Lawler, por sua vez, "não existe amor verdadeiro até que o amor seja mútuo".[49] Isso significa que a mutualidade requer certo grau de compromisso entre as partes. Compromisso que se prolongue no tempo e que confira à relação o contexto adequado para o amadurecimento. Que este compromisso seja definitivo ou não dependerá da capacidade de amar e da intensidade de amor das pessoas envolvidas. Mas é preciso que ele seja sincero enquanto dure. À medida que as pessoas vão crescendo e amadurecendo na capacidade de amar e, portanto, vão

---

46 SALZMAN; LAWLER. *A pessoa sexual*, p. 223-224.
47 Ver: KELLY, Kevin T. *New Directions in Sexual Ethics:* Moral Theology and the Challenge of AIDS. London/Washington: Geoffrey Chapman, 1998, p. 138.
48 FARLEY. *Just Love*, p. 198.
49 SALZMAN; LAWLER. *A pessoa sexual*, p. 223.

fazendo autêntica experiência de mutualidade ou reciprocidade, o compromisso também vai amadurecendo e solidificando-se. Mesmo que, eticamente, o compromisso não seja necessário como ponto de partida para relações de intimidade sexual, ele tende a ser o ponto de chegada daquelas que, de fato, são expressão de amor.[50]

Se o verdadeiro amor é aquele que expressa e favorece a mutualidade e, portanto, o compromisso, do ponto de vista ético não é possível emitir um juízo de valor sobre a atividade sexual das pessoas homossexuais, por exemplo, a não ser à luz da sua orientação, levando em conta o significado de tal atividade para as pessoas envolvidas. Em outras palavras, torna-se antiético emitir um juízo de valor *a priori*, a partir de normas pretensamente absolutas ou de princípios abstratos. O que está em jogo é o significado de tal atividade na vida da pessoa. Praticamente, impõe-se interrogar se esta ou aquela atividade favorece a realização da pessoa, contribui para a sua humanização, expressa responsavelmente a sua autonomia, respeita os seus direitos fundamentais, promove o bem do outro. Se, por um lado, deve-se considerar a atividade sexual das pessoas à luz da sua orientação, não se pode, por outro, reduzir o juízo de valor apenas à sua orientação afetivo-sexual, sobretudo num contexto heterossexista, em que a heteronormatividade se impõe como critério quase absoluto para avaliar a eticidade e a liceidade de determinados comportamentos. Os requisitos para que a

---

50 A reciprocidade à qual aspiramos depende do fato de os nossos relacionamentos incluírem diferentes épocas e circunstâncias, com dinâmicas e níveis específicos de intimidade. É difícil supor que cada relação esteja destinada a se tornar uma relação de compromisso. Mesmo que os relacionamentos de compromisso devessem ser o ideal, as pessoas precisam de tempo para descobrir interesses e valores comuns antes de tomarem uma decisão formal de se casarem ou de entrarem em outros tipos de relacionamentos sexuais contratuais. Isso significa que o compromisso não pode ser a primeira exigência para se entrar numa relação. Ele é parte de um processo que envolve muitas épocas, níveis, dinâmicas e vozes a serem discernidos.

atividade sexual seja autenticamente humana são os mesmos tanto para quem é homo quanto para quem é heterossexual: igualdade, liberdade, mutualidade, integridade, compromisso e amor, por exemplo.[51] Quando, para ser considerada conforme os princípios da moralidade, uma relação amorosa deve ser "sexualmente muda" — e é desta forma que o contexto heterossexista "reconhece" a relação homossexual —, cria-se e reforça-se um contexto que precisa ser considerado antiético, pois ele fará com que amor e sexo não se integrem na vida das pessoas, levando-as, praticamente, a relações anônimas, clandestinas e até mesmo promíscuas. Um contexto que não permite e não favorece a integração entre ser e agir não promove a unidade da pessoa e, portanto, facilmente se torna desrespeitoso em relação aos seus direitos fundamentais. O "resultado esperado" não poderá ser outro senão violência, agressividade, abuso e uso em relação àqueles que ousam "sair do armário" ou "dar nome ao próprio desejo". E é isso que desumaniza as pessoas e destrói as sociedades.[52]

Fato inegável é a influência de concepções religiosas no entendimento e na vivência da sexualidade, e isso não pode ser ignorado. Algumas dessas concepções tendem a não prestar muita atenção aos dados históricos e culturais, reduzindo o intelecto à mera função passiva de descobrir os valores inscritos na "natureza" humana. Isso faz com que, em matéria de sexualidade, acabe impondo-se uma metodologia dedutiva: há princípios eternos,

---

51 FARLEY, Margaret A. An Ethic for Same-Sex Relations. In: NUGENT, Robert (Ed.). *A Challenge to Love:* Gay and Lesbian Catholics in the Church. New York: Crossroad, 1987, p. 105. Para Salzman e Lawler, uma das implicações concretas seria a de rever o conceito de complementaridade, muitas vezes reduzido à dimensão heterogenital. Os autores propõem o conceito de complementaridade holística. Ver: SALZMAN; LAWLER. *A pessoa sexual*, p. 212-226.
52 Ver o excelente trabalho de JUNG, Patricia A.; SMITH, Ralph F. *Heterosexism:* an Ethical Challenge. Albany: State University of New York Press, 1993.

universais, imutáveis que devem ser encontrados na "natureza" humana. A sexualidade, primariamente — se não exclusivamente —, é entendida à luz da finalidade do ato sexual em si mesmo. A prioridade é dada à liceidade dos atos — valem princípios e normas que têm valor absoluto e imutável — em prejuízo do valor e do sentido da sexualidade humana, e, consequentemente, a obediência torna-se o único critério para avaliar o comportamento da pessoa. Por mais que não se queira, algumas questões emergem e incomodam, sobretudo os não conformistas. Não seria mais honesto assumir que, somente se consideradas a partir do ponto de vista da pessoa toda inteira, suas ações revelam seu pleno significado?

Quando se acentua o ato físico e a faculdade sexual, corre-se o risco de prestar pouca atenção aos aspectos pessoais, psicológicos, socioculturais, relacionais e transcendentes da sexualidade. O significado das ações humanas deveria resultar da consideração de todas as dimensões da vida pessoal. Não seria mais justo assumir o modelo do relacionamento responsável como o modelo ético por excelência? Quanto mais lidamos com questões específicas, tanto mais difícil — senão impossível — se torna admitir leis imutáveis, eternas e universais. É urgente assumir uma antropologia relacional se quisermos evitar o risco da hipocrisia. Quando se admite o valor e a importância da opção fundamental de cada um no juízo ético sobre as ações humanas, não se pode ignorar que atos isolados não expressam tudo o que a pessoa é, muito menos o sentido mais profundo da sua existência, isto é, o modo que ela escolheu para se realizar como gente. Porém, se as pessoas vivem relações que expressam os valores próprios do matrimônio, apesar de não serem casadas — condição para a liceidade e eticidade da relação sexual para muitas concepções religiosas —, por que negar a tais relações a devida bondade ética? É preciso que o compromisso seja permanente para justificar tais relações de intimidade? O que humaniza a sexualidade não é o amor? É preciso que este amor seja, necessariamente, conjugal e heterossexual? A maturidade afetivo-sexual não se manifesta na doação/abertura de si ao outro? No contexto do diálogo interpessoal, as relações de intimidade não contribuem para o amadurecimento integral da pessoa, amadurecimento que a conduzirá ao dom de si ao outro? Não seria mais justo falar de significado fecundo da sexualidade do que significado exclusivamente procriativo? Não está certo Michael Hartwig quando afirma que "muitos tipos de relacionamentos oferecem oportunidade para genuína mutualidade; mas relacionamentos de intimidade sexual oferecem maior potencial e desafio para aprender como amar mutuamente"?[53] Não é possível desconsiderar tais questões em contextos que, embora estejam progressivamente se secularizando, ainda são profundamente influenciados por reflexões religiosas que se impõem como "fiéis" ao dado revelado, mas que carecem de uma autêntica exegese — compreensão do sentido do texto no seu contexto — e de um renovado empenho hermenêutico — compreensão do texto no contexto atual. É impossível querer que as pessoas simplesmente obedeçam a regras e normas que não fazem sentido no seu mundo real ou pautem suas vidas por axiologias atemporais que, embora tenham valor, não podem ser determinantes.[54]

---

53 HARTWIG, Michael J. *The Poetics of Intimacy and the Problem of Sexual Abstinence*. New York: Peter Lang, 2000, p. 50.

54 Vale a pena, aqui, ter presentes as consequências para a vida das pessoas e de sociedades inteiras de interpretações fundamentalistas, por exemplo, do texto considerado sagrado para cada religião, sobretudo no que se refere ao uso do sexo: vidas são criminosamente dizimadas, a dignidade humana é inescrupulosamente violada, os direitos humanos são gratuitamente desrespeitados em nome de pretensas autoridades sagradas. Se não quisermos ser tão drásticos na análise, basta observar o que vários governos têm feito e inúmeros políticos têm tentado para satisfazer as exigências de "currais eleitorais" ultradireitistas, a fim de implantar políticas públicas conservadoras com relação à sexualidade, comprometendo não

2.3 O respeito à pessoa sexual e ao seu direito de autorrealização

Embora seja incontestável a riqueza de significados positivos da sexualidade humana, não podemos deixar de reconhecer que ela está intimamente relacionada com a vulnerabilidade. Ou melhor, a vulnerabilidade é dimensão intrínseca da sexualidade. Desejar o outro, apaixonar-se, amar significa tornar-se vulnerável, isto é, aberto a ser ferido/machucado. Se, por um lado, é necessário aceitar o sofrimento de não poder possuir nada nem ninguém, por outro, não se pode, em hipótese alguma, provocar sofrimento ou machucar o outro ou a si mesmo. As pessoas se relacionam umas com as outras para crescerem como gente. Nesse sentido, não machucar o outro nem a si mesmo é o mínimo que se espera de uma relação; é o que cada um pode fazer. Sem dúvida, numa relação tem-se de cuidar do outro e isso vai muito além do fato de não causar a ele alguma dor. Embora o cuidado do outro seja o ideal a ser alcançado — o desejável —, evitar machucar o outro é o mínimo que todos podem e, portanto, devem fazer — o possível. Eticamente temos sempre de propor o ideal a ser alcançado, reconhecendo, no entanto, que em determinadas situações, temos de nos contentar com o que as pessoas podem realmente fazer para salvaguardar o mínimo de humanidade nas relações. Em outras palavras, quando a *forma* das relações não é aquela ideal num determinado contexto, deve-se considerar a substância de tais

---

apenas os direitos humanos e o consequente bem das pessoas e das sociedades, mas também o resultado de anos de estudo de pesquisadores sérios que não mediram esforços para a compreensão da sexualidade, para ela não ser objeto de manipulação nem instrumento ideológico. Recomendo, a título de ilustração de um determinado período histórico, a leitura do texto de GIRARD, Françoise. *O Kamasutra de Bush: muitas posições sobre sexo. Implicações globais das políticas sobre sexualidade do governo dos Estados Unidos*. Rio de Janeiro: ABIA, 2005 (Coleção ABIA, Políticas Públicas, n. 3).

relações, isto é, dar prioridade à qualidade das relações e aos valores que elas manifestam.

Em vez de reduzirmos os problemas morais à conformidade ou não com o fato de as relações acontecerem num contexto matrimonial, entre pessoas de sexos diferentes, deveríamos prestar atenção à qualidade da presença e da relação. Se não machucar o outro ou a si mesmo é o mínimo que cada um pode fazer, dar ao outro o melhor de si é a máxima expressão de humanidade, mesmo em contextos distantes do ideal proposto. Mais ainda, quando consideramos eticamente a sexualidade, a questão fundamental, no que se refere à prática sexual, não pode ser reduzida, como afirma Lisa Cahill, "a uma questão de que atos são permitidos para quem, em que circunstâncias".[55] Trata-se, sobretudo, do esforço para alcançar a melhor condição para viver, nos limites da própria situação, os significados positivos inerentes à sexualidade. Disso deriva que, embora seja preciso levar em consideração princípios *a priori* e o *status* jurídico da pessoa como elementos importantes na avaliação ética de certos comportamentos, não é possível manipulá-los a ponto de enquadrar o exercício da sexualidade dentro dos limites de uma relação conjugal heterossexual. De acordo com Vacek, a verdadeira essência do amor é o esforço de ir ao encontro do outro mediante o dom de si mesmo e de acolhida ao outro, fazendo do próprio amor a base para que o outro seja capaz de responder com amor.[56] Uma ética sexual autenticamente humana deveria ser uma ética sobre a qualidade das relações entre as pessoas, e não sobre o que pode ou não ser feito.[57]

Se a vulnerabilidade é uma dimensão intrínseca da sexualidade e, como diz Karen Lebacqz, a pessoa é chamada a aprender

---

55 CAHILL, Lisa S. *Between the Sexes:* Foundations for a Christian Sexual Ethics. Philadelphia: Paulist Press, 1985, p. 59.
56 VACEK. *Love, Human and Divine*, p. 34-73.
57 KELLY. *New Directions*, p. 38.

como se tornar "adequadamente vulnerável",⁵⁸ urge elaborar uma ética sexual que assuma seriamente a fraqueza humana: acolha a pessoa em sua vulnerabilidade; afirme a capacidade humana para o bem, mesmo dentro de situações caóticas; reconheça que, em determinadas circunstâncias, não há outra opção senão realizar não tanto o que é humano, mas o menos desumano. Isso significa optar, praticamente, pelo possível, e não tanto pelo desejável. Trata-se de uma ética sexual que não dispensa do confronto com o ideal e da abertura aos apelos que provêm dele, mas reconhece que, em certos momentos, o ideal não pode ser plenamente realizado e isso não diminui o valor ético das próprias escolhas. O fato de as pessoas não conseguirem nem poderem viver a plenitude do ideal ético proposto a elas não significa que as próprias escolhas não expressem qualquer bondade ética. Conclusão: não dá mais para pensar a eticidade apenas em termos de tudo ou nada! Se tivermos presente que é a disposição para crescer como gente que conta como ponto de partida para a interiorização dos valores, não há como não assumir a tolerância e a gradualidade como imperativos éticos! Isso, praticamente, significa que qualquer proposta ética não pode ignorar o fato de que as normas morais têm função pedagógica. É a situação que definirá o modo como apresentá-las: não há problema algum quando a situação requer que as normas sejam apresentadas como regras concretas que permitem ou proíbem certos comportamentos ou como um apelo à autenticidade e autonomia. Para além de todo tipo de formulação normativa, em todas as situações a prioridade deve ser dada sempre aos valores que as normas expressam. O convite a abraçar e encarnar determinados valores é o que conta.⁵⁹

---

58 LEBACQZ, Karen. Appropriate Vulnerability: a Sexual Ethic for Singles. *The Christian Century* 104/15 (1987): 435-438.

59 Ver: ZACHARIAS, Ronaldo. Direitos Humanos. Para além da mera retórica ingênua e estéril. In: TRASFERETTI, José Antonio; MILLEN, Maria Inês de Castro; ZACHARIAS, Ronaldo. *Introdução à Ética Teológica*. São Paulo: Paulus, 2015, p. 134-136.

Se a essência da sexualidade humana é o amor, entendido como doação e acolhimento, como dar e receber, então a intimidade sexual deveria ser uma expressão dessa essência fundamental. O amor torna-se a condição *sine qua non* para expressar adequadamente a própria sexualidade. O problema está em que a capacidade de amar da pessoa pode ser destruída quando se faz do prazer a finalidade da sexualidade, reduzindo as outras pessoas a objetos da própria gratificação. Sem dúvida alguma, tanto o prazer não pode ser o fim último da sexualidade quanto uma pessoa não pode ser usada como meio. Precisamos compreender a verdadeira essência do amor, isto é, o esforço de ir ao encontro do outro mediante o dom de si mesmo e de acolhida ao outro, fazendo do próprio amor a base para que o outro seja capaz de responder com amor. Disso deriva a responsabilidade ético-moral de a pessoa se colocar diante do prazer para acolhê-lo e fazer dele fonte de crescimento e de vida — e não de posse ou consumo —, descobrir a realidade da qual é imagem, isto é, da abertura aos outros — e não fim em si mesmo — e reconhecer que, mesmo satisfazendo todos os seus desejos, jamais se sentirá plenamente realizada — a experiência do prazer envolve, sobretudo, o mistério das pessoas.[60]

Não há dúvida de que a sexualidade pode incorporar uma gama enorme de significados. O mesmo se pode dizer da intimidade

---

60 Segundo Christine Gudorf, nossos desejos sexuais não só têm significados diferentes, mas conflitantes também. Constituem, para nós, um conjunto de mensagens que precisam ser acolhidas, interpretadas e integradas na nossa vida (p. 87). Assim como não podemos simplesmente reprimir nossos desejos sexuais, não podemos, também, assumi-los como simplesmente irresistíveis. Se fossem irresistíveis, "estaríamos providos de desculpas muito convenientes para um comportamento irresponsável em situações sexuais" (p. 84). Somos capazes não só de resistir aos nossos desejos sexuais, mas também de controlá-los. O desafio está em contextualizá-los de maneira que possam ser integrados a um projeto de vida e servir ao bem-estar pessoal e comunitário e à mutualidade a que todos aspiramos, afastando-nos da tradição que considera o desejo sexual como irresistível e, portanto, mau. Ver: GUDORF, Christine E. *Body, Sex, and Pleasure:* Reconstructing Christian Sexual Ethics. Cleveland: Pilgrim Press, 1994, p. 82-89.

sexual. Isso significa que a intimidade sexual pode expressar diferentes significados, dependendo do contexto em que acontece. Pode ser um meio de evocar prazer, expressar atração física, incorporar intimidade emocional, dar vida a um compromisso de longo prazo, tanto quanto um meio de evocar poder, expressar irresponsabilidade, incorporar desigualdade, despertar a violência. O ponto crucial aqui é reconhecer que essa variedade de significados pode ser expressa em qualquer tipo de intimidade sexual. Em outras palavras, não é o estado civil da pessoa nem sua orientação sexual que, automaticamente, fazem da intimidade sexual um sinal de amor. Por causa de sua maleabilidade, a sexualidade pode expressar uma variedade de potencialidades humanas. O erótico oferece um espaço de possibilidades para explorar, e afirmar positivamente, os diferentes modos de ser humano. Segue-se, daí, ser muito difícil avaliar o sentido da intimidade sexual em todos os tipos de relacionamento, sejam eles duradouros, sejam episódicos. Acredito que a gramática da sexualidade sadia não é a imposição de rígidos papéis de gênero nem de identidade sexual, mas uma apreciação de como amar de maneira comprometida e de como vivenciar a qualidade das relações. É isso que conta quando falamos de autorrealização na esfera da sexualidade. E, mais do que um pio desejo, trata-se de um direito de todos.

III - DIREITOS SEXUAIS: DIREITOS HUMANOS RELACIONADOS À SEXUALIDADE

Apesar da abundância de literatura a respeito dos direitos humanos, o termo continua sendo, ainda, muito controverso. Quando não desconhecido no seu real significado, é reduzido a distorções que comprometem sua finalidade, tornando-se alvo cada vez mais crescente de ataques. Sem a devida consciência do que significam, tornou-se comum que influenciadores digitais, formadores de opinião, políticos e religiosos inconsequentes contribuam para a corrosão e destruição do regime de proteção a tais direitos. Parece crescer em todo o mundo uma espécie de leitura dos direitos humanos alheia ao fato de que qualquer ser humano, seja quem for, é portador de todos os direitos humanos, sem qualquer hierarquização.[61] Prevalece a categoria de "privilégio" dado a bandidos com a consequente oneração do Estado, e isso faz com que recaia sobre os defensores dos direitos humanos uma brutal carga de ódio.

Em relação aos direitos sexuais, os problemas parecem ser ainda mais graves: o fato de o termo ter emergido apenas nas últimas décadas e, portanto, ser amplamente desconhecido no seu

---

61 Essa afirmação não ignora que a sensibilidade aos direitos humanos, justamente porque dependente da realidade cultural e do tempo histórico nos quais as pessoas e as sociedades estão inseridas, acaba resultando numa hierarquização de tais direitos: "Todos eles são para todos e de todos, mas nem todos se impõem em todas as circunstâncias da mesma forma". ZACHARIAS. Direitos Humanos: para além da mera retórica ingênua e estéril, p. 141.

real significado faz com que ele também seja reduzido a distorções que comprometem sua finalidade. Sendo mais usado por pessoas e instituições que advogam a não discriminação e a equidade para aqueles cuja identidade sexual e de gênero não é normativa e por aqueles que se empenham pelas mudanças legislativas referentes à discriminação, à violência sexual e à exclusão social, ele tende a ser desprezado por aqueles que acreditam que tais direitos geram apreço pela subversão da natureza e constituem uma afronta ao plano criador de Deus. Concordo com Alice Miller quando afirma que é preciso clarificar os objetivos e os conteúdos dos direitos sexuais, pois isso "é crítico não apenas para promover responsabilidades governamentais, mas também para garantir que os direitos sexuais possam ser reivindicados em todo o mundo".[62] No entanto, é preciso reconhecer que, assim como acontece com os direitos humanos, o debate sobre os direitos sexuais será sempre controverso e gerador de conflitos.

Na reflexão que segue partirei do esclarecimento sobre a expressão "direitos sexuais"; em seguida, assumirei as listas de direitos sexuais propostas pela International Planned Parenthood Federation (IPPF) e pela World Association for Sexual Health (WAS), pois — para além das controvérsias e ambiguidades que a expressão, o seu conteúdo e a sua aplicabilidade sugerem — acredito serem elas as mais apropriadas para os profissionais que trabalham com sexualidade e para propor alguns desafios e compromissos que ajudam a compreender melhor a importância de abordar o tema na perspectiva de um direito democrático da sexualidade.

---

62 MILLER, Alice. Sexual But Not Reproductive: Exploring the Juncture and Disjuncture of Sexual and Reproductive Rights. *Health and Human Rights* 4/2 (2000): 68.

3.1 Direitos sexuais: resultado de um caminho

Boa parte do século XX ficou muito conhecida como a era em que diversos movimentos lutaram por direitos humanos relacionados à sexualidade.[63] Junto com os movimentos de liberação sexual, alcançaram visibilidade os movimentos de mulheres contrários à desigualdade social, à violência e ao abuso sexual e as organizações de gays e lésbicas. O movimento de mulheres é anterior à fundação da Organização das Nações Unidas (ONU), em 1945. Mas foi graças à atuação da ONU que o movimento foi ganhando cada vez mais força. Como afirma Tathiana Guarnieri, "seja como fórum de debates, seja como fonte de dados e informações sobre a situação da mulher, a ONU desempenhou — e desempenha — papel significativo na luta pelo *empowerment* das mulheres. Desde sua fundação, em 1945, até os dias atuais, a ONU vem contribuindo para a evolução das questões de gênero, promovendo os direitos das mulheres como direitos humanos fundamentais, codificando esses direitos em instrumentos legais internacionais e ainda encorajando o reconhecimento do papel das mulheres no desenvolvimento social e econômico dos países".[64]

---

63 Seria importante considerar, aqui, a contribuição dos movimentos feministas desde o século XIX e a relação entre as demandas encaminhadas pelos movimentos sociais e o feminismo teórico, a fim de evidenciar como as reivindicações políticas das comunidades e o trabalho acadêmico de pesquisadoras e pesquisadores atentos à realidade foram capazes de alterar a dinâmica social por meio de processos de conscientização, mudança de estruturas e conquista de igualdade de direitos. Mas isso me distanciaria do objetivo proposto. Para aprofundar esse aspecto, indico: MIGUEL, Luis Felipe; BIROLI, Flávia. *Feminismo e Política*. São Paulo: Boitempo, 2014; WALTERS, Margaret. *Feminism:* a Very Short Introduction. Nova York: Oxford, 2005; LOTTES. Sexual Rights: Meanings, Controversies, and Sexual Health Promotion, p. 370-372.

64 GUARNIERI, Tathiana H. Os direitos das mulheres no contexto internacional. Da criação da ONU (1945) à Conferência de Beijing (1995). *Revista Eletrônica*

Em 1953, na Convenção da ONU sobre os Direitos Políticos da Mulher (Resolução 640-VII), foram assegurados o direito ao voto em igualdade de condições para ambos os sexos, a elegibilidade das mulheres para todos os organismos públicos em eleição e a possibilidade de as mulheres ocuparem todos os postos públicos e exercerem todas as funções públicas estabelecidas pela legislação nacional.[65]

Em 1967, a ONU publicou a Resolução 22/2263 — Declaração sobre a eliminação da discriminação contra as mulheres —, atestando a importância de efetivar o respeito à dignidade e à equidade entre homens e mulheres, banir todo tipo de discriminação entre eles e reconhecer a contribuição que ambos podem dar para a vida social, política, econômica e cultural e para a construção da paz.[66]

Em 1968, realizou-se em Teerã (Irã), de 22 de abril a 13 de maio, um Congresso Internacional sobre Direitos Humanos com a finalidade de avaliar as conquistas feitas desde a proclamação da Declaração de 1948 e propor ações para o futuro. Entre elas, a eliminação de toda forma de discriminação contra a mulher (n. 15) e o direito de os pais decidirem quando e quantos filhos desejam ter (n. 16).[67]

Em 1975 — Ano Internacional da Mulher —, foi realizada, na Cidade do México (México), de 19 de junho a 2 de julho, a I

---

da Faculdade Metodista Granbery. Curso de Direito, n. 8 (2010): 2. Disponível em: http://re.granbery.edu.br/artigos/MzUx.pdf. Acesso em: 30 jan. 2021.

65 Disponível em: http://www.direitoshumanos.usp.br/index.php/Direitos-da--Mulher/convencao-sobre-os-direitos-politicos-da-mulher.html. Acesso em: 30 jan. 2021.

66 UNITED NATIONS. GENERAL ASSEMBLY. Declaration on the Elimination of Discrimination against Women (07.11.1967). Disponível em: http://www.un-documents.net/a22r2263.htm. Acesso em: 30 jan. 2021.

67 INTERNATIONAL CONFERENCE ON HUMAN RIGHTS. Proclamation of Teheran, Final Act of the International Conference on Human Rights, Teheran, 22 April to 13 May 1968, U.N. Doc. A/CONF. 32/41 at 3 (1968). Disponível em: http://hrlibrary.umn.edu/instree/l2ptichr.htm. Acesso em: 30 jan. 2021.

Conferência Mundial da Mulher, abordando o tema "Igualdade, Desenvolvimento e Paz" e tendo como centralidade da reflexão a eliminação da discriminação da mulher e o seu avanço social.[68] Ficou definido que o decênio 1976-1985 seria voltado para a melhoria da condição das mulheres no mundo. Dessa Conferência resultou a criação do Fundo de Desenvolvimento das Nações Unidas para a Mulher (UNIFEM) e do Instituto Internacional de Treinamento e Pesquisa para a Promoção da Mulher (INSTRAW). Das 133 delegações presentes na Conferência, 113 eram lideradas por mulheres, e isso não pode ser considerado indiferente.

Em 1976, deu-se a publicação de um fascículo da revista *The Humanist*, dedicado exclusivamente aos direitos e responsabilidades sexuais. O texto, tendo como redator principal Lester Kirkendall, contou com o apoio de sexólogos, tais como Albert Ellis, Sol Gordon, Deryk Calderwood, Robert Francoeur, Birgitta Linner, John Money e Evelyn S. Gendel.[69]

Em 1979, a Assembleia Geral das Nações Unidas publicou o primeiro tratado internacional que dispôs amplamente sobre os direitos humanos da mulher — Convenção sobre a eliminação de todas as formas de discriminação contra a mulher (CEDAW) —, em vista da promoção da igualdade de gênero e da repressão de quaisquer discriminações contra as mulheres. Foi publicada a chamada Carta Internacional dos Direitos da Mulher, que possui 30 artigos que combatem a discriminação sofrida pelas mulheres.[70]

---

68 UNITED NATIONS. Report of the World Conference of the International Women's Year (Mexico City, 19 June-2 July 1975). New York, 1976. Disponível em: http://www.un.org/womenwatch/daw/beijing/otherconferences/Mexico/Mexico%20conference%20report%20optimized.pdf. Acesso em: 30 jan. 2021.
69 KIRKENDALL, Lester. *A New Bill of Sexual Rights and Responsibilities*. Buffalo: Prometheus Book, 1976.
70 ORGANIZAÇÃO DAS NAÇÕES UNIDAS. *Convenção sobre a eliminação de todas as formas de discriminação contra a mulher — CEDAW*, 1979. In:

Em 1980, foi realizada em Copenhague (Dinamarca) a II Conferência Mundial da Mulher, sob o lema "Educação, Emprego e Saúde".[71] Foi um momento de tomada de consciência de que os homens precisariam participar mais do processo de igualdade, e os Estados, enfrentar com mais coragem as desigualdades de gênero, sobretudo aquelas referentes ao emprego e à saúde.

Em 1984, no I Encontro Internacional de Saúde da Mulher, realizado em Amsterdã (Holanda), a denominação "direitos sexuais" tornou-se pública e, segundo Laura Davis Mattar, passou a ser assumida como "um conceito mais completo e adequado do que 'saúde da mulher' para a ampla pauta de autodeterminação reprodutiva das mulheres" e "a partir daí, estudiosos do direito começaram a refinar o conceito de direitos reprodutivos, tentando dar precisão ao seu conteúdo".[72]

A III Conferência Mundial sobre a Mulher, realizada em Nairobi (Quênia) em 1985, centrou-se no tema "Estratégias Orientadas ao Futuro, para o Desenvolvimento da Mulher até o Ano

---

FROSSARD, Heloísa (Org.). *Instrumentos Internacionais de Direitos das Mulheres.* Brasília: Secretaria Especial de Política para as Mulheres, 2006, p. 13-32. Disponível em: https://assets-compromissoeatitude-ipg.sfo2.digitaloceanspaces.com/2012/08/SPM_instrumentosinternacionaisdireitosdasmulheres.pdf. Acesso: em 30 jan. 2021.

71 UNITED NATIONS. Report of the World Conference of the United Nations Decade for Women: Equality, Development and Peace (Copenhagen, 14 to 30 July 1980). New York, 1980. Disponível em: http://www.onumulheres.org.br/wp-content/uploads/2015/03/relatorio_conferencia_copenhagem.pdf. Acesso em: 30 jan. 2021.

72 MATTAR, Laura Davis. Reconhecimento jurídico dos direitos sexuais. Uma análise comparativa com os direitos reprodutivos. *SUR – Revista Internacional de Direitos Humanos*, São Paulo 5/8 (2008): 63. Ver também: FREEDMAN, Lynn P.; ISAACS, Stephen L. Human Rights and Reproductive Choice. *Studies in Family Planning* 24/1 (1993): 18-30; COOK, Rebecca J. International Human Rights and Women's Reproductive Health. *Studies in Family Planning* 24/2 (1993): 73-86.

2000".⁷³ Foi realizado um balanço do trabalho do decênio voltado para a melhoria da condição das mulheres no mundo. Constatou-se que poucas metas tinham sido alcançadas e, por isso, foram apontadas medidas de caráter jurídico para que as mulheres tivessem maior participação social e política e chegassem aos lugares de tomadas de decisões.

Em 1986, Ira Reiss refere-se ao termo "direitos sexuais" para contrapor-se a concepções ideológicas que, ao definir o comportamento sexual adequado para o homem e para a mulher, acabam favorecendo e confirmando a desigualdade entre ambos, sobretudo porque a mulher, na maioria das sociedades, tem menos poder do que o homem.⁷⁴

Em 1989, a Assembleia Geral das Nações Unidas aprova a Convenção Internacional sobre os Direitos das Crianças, comprometendo os Estados-Membros a tomar medidas contra a violência e a exploração sexual de crianças.⁷⁵

Em 1993, foi realizado em Viena (Áustria), de 14 a 25 de junho, o II Congresso Internacional sobre Direitos Humanos, evento que declarou a violência contra mulheres como violência contra os direitos humanos (n.18).⁷⁶

---

73 UNITED NATIONS. Report of the World Conference to Review and Appraise the Achievements of the United Nations Decade for Women: Equality, Development and Peace (Nairobi, 15-26 July 1985). New York, 1986. Disponível em: http://www.onumulheres.org.br/wp-content/uploads/2015/03/relatorio_conferencia_nairobi.pdf. Acesso em: 30 jan. 2021.

74 REISS, Ira. *Journey Into Sexuality:* an Exploratory Voyage. Englewood Cliffs, NJ: Prentice-Hall, 1986.

75 ORGANIZAÇÃO DAS NAÇÕES UNIDAS. ASSEMBLEIA GERAL. *Convenção sobre os direitos da criança* (20.11.1989). Disponível em: http://www.planalto.gov.br/ccivil_03/decreto/1990-1994/D99710.htm. Acesso em: 30 jan. 2021.

76 CONFERÊNCIA MUNDIAL SOBRE OS DIREITOS DO HOMEM. *Declaração de Viena e Programa de Ação*. Nota do Secretariado. Disponível em: http://www.dhnet.org.br/direitos/anthist/viena/viena.html. Acesso em: 30 jan. 2021.

Aprovada em 1994 pela Assembleia Geral da Organização dos Estados Americanos (OEA), a Convenção Interamericana para Prevenir, Punir e Erradicar a Violência Contra a Mulher, realizada em Belém do Pará (Brasil), considera a violência contra a mulher uma grave violação dos direitos humanos e das liberdades fundamentais e uma grave ofensa à dignidade humana. A Convenção de Belém do Pará — como ficou conhecida — praticamente complementa a Convenção de 1979 e a Declaração de 1993.[77]

Embora o termo "direitos sexuais" estivesse em ebulição até a década de 1990, de acordo com Sonia Corrêa e Cymene Howe, precisamos nos reportar à Conferência Internacional sobre População e Desenvolvimento das Nações Unidas — mais conhecida como Conferência do Cairo —, realizada no Cairo (Egito), de 5 a 13 de setembro de 1994, como lugar em que, pela primeira vez, representantes dos 179 países presentes usaram o termo "direitos sexuais".[78] O Plano de Ação que resultou da Conferência foi uma agenda de compromissos comuns para melhorar as condições de vida de todas as pessoas por meio da promoção dos direitos humanos, da dignidade humana, do planejamento familiar, da saúde

---

[77] ORGANIZAÇÃO DOS ESTADOS AMERICANOS. *Convenção Interamericana para Prevenir, Punir e Erradicar a Violência contra a Mulher — Convenção de Belém do Pará, 1994*. In: FROSSARD, Heloísa (Org.). *Instrumentos Internacionais de Direitos das Mulheres*. Brasília: Secretaria Especial de Política para as Mulheres, 2006, p. 139-146. Disponível em: https://assets-compromissoeatitude-ipg.sfo2.digitaloceanspaces.com/2012/08/SPM_instrumentosinternacionaisdireitosdasmulheres.pdf. Acesso em: 30 jan. 2021.

[78] CORRÊA, Sonia; HOWE, Cymene. Global Perspectives on Sexual Rights. In: HERDT, Gilbert; HOWE, Cymene (Eds.). *21st Century Sexualities*: Contemporary Issues in Health, Education, and Rights. New York: Routledge, 2007, p. 170-173. De acordo com Corrêa e Howe, a expressão "direitos sexuais" foi assumida nas negociações entre os representantes dos vários governos presentes na Conferência, embora muitos grupos, há algum tempo, estivessem lutando pela defesa dos direitos humanos ligados à sexualidade. Ver, por exemplo: LOTTES. Sexual Rights: Meanings, Controversies, and Sexual Health Promotion, p. 370-372.

sexual e reprodutiva, da igualdade de gênero, do acesso à educação para as meninas e da eliminação da violência contra as mulheres.[79] Foi a primeira vez que se tornou público o reconhecimento da saúde sexual como parte vital da realização pessoal. Chama a atenção o fato de a sexualidade não ser abordada apenas como prevenção de gravidez indesejada e doenças sexualmente transmissíveis.

Não podem ser ignoradas duas importantes publicações feitas em 1994. O livro de Naomi McCormick, sobre os direitos sexuais femininos, acentuando a importância de reconhecer o direito da mulher ao prazer sexual[80], e o capítulo de Sonia Corrêa e Rosalind Petchesky publicado na obra de Gita Sen, Adrienne Germain e Lincoln Chen.[81] Corrêa e Petchesky aprofundaram o significado de direitos reprodutivos e sexuais. Para elas, trata-se de uma questão de poder e recursos: poder para tomar uma série de decisões sobre fertilidade, reprodução, saúde e atividade sexual e recursos para poder levar a termo tais decisões. Para elas, falar de direitos reprodutivos e sexuais não tem sentido se não forem proporcionadas as devidas condições para a realização de direitos econômicos, sociais e políticos. Mais ainda, a promoção dos direitos reprodutivos e sexuais deve fundamentar-se em quatro princípios éticos: integridade corporal, autonomia pessoal, igualdade e

---

79 ORGANIZAÇÃO DAS NAÇÕES UNIDAS. *Relatório da Conferência Internacional sobre População e Desenvolvimento — Plataforma de Cairo, 1994*. In: FROSSARD, Heloísa (Org.). *Instrumentos Internacionais de Direitos das Mulheres*. Brasília: Secretaria Especial de Política para as Mulheres, 2006, p. 33-138. Disponível em: https://assets-compromissoeatitude-ipg.sfo2.digitaloceanspaces.com/2012/08/SPM_instrumentosinternacionaisdireitosdasmulheres.pdf. Acesso em: 30 jan. 2021.

80 McCORMICK, Naomi. *Sexual Salvation:* Affirming Women's Sexual Rights and Pleasures. Westport, CT: Praeger, 1994.

81 CORRÊA, Sonia; PETCHESKY, Rosalind. Reproductive and Sexual Rights: a Feminist Perspective. In: SEN, Gita; GERMAIN, Adrienne; CHEN, Lincoln (Eds.). *Population Policies Reconsidered:* Health, Empowerment, and Rights. Boston: Harvard School of Public Health, 1994, p. 107-123.

diversidade.[82] Tendo por base tais princípios, as pessoas têm direito ao prazer sexual responsável e a expressar sua sexualidade de diversas maneiras. A reflexão de Corrêa e Petchesky, segundo Lottes, foi "precursora de conteúdos importantes de futuras listas de direitos sexuais".[83] O livro de McCormick também.

Em 1995, foi realizada em Beijing (China) a IV Conferência Mundial sobre a Mulher, que teve como tema central "Ação para a Igualdade, o Desenvolvimento e a Paz". A conhecida Plataforma de Ação de Beijing afirmou os direitos das mulheres como direitos humanos. São estabelecidas 12 áreas de preocupação sobre os direitos de mulheres e meninas: 1. Mulheres e pobreza; 2. Educação e capacitação de mulheres; 3. Mulheres e saúde; 4. Violência contra a mulher; 5. Mulheres e conflitos armados; 6. Mulheres e economia; 7. Mulheres no poder e na liderança; 8. Mecanismos institucionais para o avanço das mulheres; 9. Direitos Humanos das mulheres; 10. Mulheres e mídia; 11. Mulheres e meio ambiente; 12. Direitos das meninas. A Conferência foi um grande marco por ter reconhecido a necessidade de mudar o foco da mulher para o conceito de gênero, reconhecendo que toda a estrutura da sociedade e todas as relações entre homens e mulheres deveriam ser reavaliadas. Ficou assumido, definitivamente, que o conceito de gênero é uma questão de interesse universal e que o empoderamento das mulheres e a transversalidade das políticas públicas deveriam passar por essa perspectiva.[84] A

---

82 CORRÊA, Sonia; PETCHESKY, Rosalind. Direitos Sexuais e Reprodutivos: uma perspectiva feminista. *PHYSIS – Revista de Saúde Coletiva,* Rio de Janeiro 6/1-2 (1996): 160.

83 LOTTES. Sexual Rights: Meanings, Controversies, and Sexual Health Promotion, p. 372.

84 ORGANIZAÇÃO DAS NAÇÕES UNIDAS. *Declaração e Plataforma de Ação da IV Conferência Mundial sobre a Mulher — Pequim, 1995.* In: FROSSARD, Heloísa (Org.). *Instrumentos Internacionais de Direitos das Mulheres.* Brasília: Secretaria Especial de Política para as Mulheres, 2006, p. 147-258. Disponível em: https://assets-compromissoeatitude-ipg.sfo2.digitaloceanspaces.

clareza da relação entre direitos humanos e sexualidade é expressa, sobretudo, no número 96 do documento: "Os direitos humanos das mulheres incluem os seus direitos a ter controle sobre as questões relativas à sua sexualidade, inclusive sua saúde sexual e reprodutiva, e a decidir livremente a respeito dessas questões, livres de coerção, discriminação e violência. A igualdade entre mulheres e homens no tocante às relações sexuais e à reprodução, inclusive o pleno respeito à integridade da pessoa humana, exige o respeito mútuo, o consentimento e a responsabilidade comum pelo comportamento sexual e suas consequências".[85] Estados-Membros da ONU reafirmaram e reforçaram a Plataforma de Ação de Beijing em 2000 (Beijing +5), por ocasião da revisão global de 5 anos; em 2005 (Beijing +10), por ocasião da revisão de 10 anos; em 2010 (Beijing +15), por ocasião da revisão de 15 anos; e em 2015 (Beijing +20), por ocasião da revisão de 20 anos.[86]

Em 2010, a Assembleia Geral das Nações Unidas, por meio da Resolução 64/289, aprovou a criação de um órgão único, encarregado de acelerar o processo para alcançar a igualdade de gênero e fortalecer a autonomia das mulheres — a ONU Mulheres —, que reuniu quatro agências e escritórios da Organização: o UNIFEM, a Divisão para o Avanço das Mulheres (DAW), o Escritório de Assessoria Especial em Questões de Gênero e o INSTRAW.[87]

---

com/2012/08/SPM_instrumentosinternacionaisdireitosdasmulheres.pdf. Acesso em: 30 jan. 2021.

85 ORGANIZAÇÃO DAS NAÇÕES UNIDAS. *Declaração e Plataforma de Ação da IV Conferência Mundial sobre a Mulher — Pequim, 1995*, n. 96, p. 179.

86 Os documentos de referência podem ser encontrados em ONUMULHERES: http://www.onumulheres.org.br/onu-mulheres/documentos-de-referencia/. Acesso em: 30 jan. 2021.

87 UNITED NATIONS. GENERAL ASSEMBLY. Resolution Adopted by the General Assembly on 2 July 2010 (49-90). Disponível em: http://www.un.org/ga/search/view_doc.asp?symbol=A/RES/64/289. Acesso em: 30 jan. 2021.

Por ocasião do 70º aniversário da ONU, chefes de Estado e de Governo e altos representantes reunidos na sede das Nações Unidas, em New York, de 25 a 27 de setembro de 2015, reconhecendo "a dignidade da pessoa humana como fundamental" (n. 4), decidiram embarcar no que chamaram de "grande jornada coletiva" (n. 4), comprometendo-se, até 2030, a "acabar com a pobreza e a fome em todos os lugares; combater as desigualdades dentro e entre os países; construir sociedades pacíficas, justas e inclusivas; proteger os direitos humanos e promover a igualdade de gênero e o empoderamento das mulheres e meninas; e assegurar a proteção duradoura do planeta e seus recursos naturais" (n. 3).[88] Os 17 objetivos de desenvolvimento sustentável e as 169 metas da Agenda 2030 "buscam concretizar os direitos de todos e alcançar a igualdade de gênero e o empoderamento das mulheres e meninas", resultado que os Objetivos de Desenvolvimento do Milênio não conseguiram alcançar.[89]

Não há dúvida de que os eventos e as publicações acima elencados favoreceram a formação de uma mentalidade quanto aos direitos das mulheres e prepararam o caminho para o que entendemos, hoje, como direitos sexuais.[90] Para Corrêa e Howe, o fato de

---

88 ORGANIZAÇÃO DAS NAÇÕES UNIDAS. Transformando Nosso Mundo: A Agenda 2030 para o Desenvolvimento Sustentável. New York, 2015. Disponível em: https://nacoesunidas.org/pos2015/agenda2030/. Acesso em: 30 jan. 2021.

89 ORGANIZAÇÃO DAS NAÇÕES UNIDAS. *Declaração do Milênio.* Cimeira do Milênio, Nova Iorque, 6-8 de setembro de 2000. Lisboa: United Nations Information Centre, 2001. Disponível em: https://www.unric.org/html/portuguese/uninfo/DecdoMil.pdf. Acesso em: 30 jan. 2021. Ver também a avaliação que a ONU faz dos Objetivos de Desenvolvimento do Milênio 5 anos após sua promulgação: ORGANIZAÇÃO DAS NAÇÕES UNIDAS. *Relatório sobre os Objetivos de Desenvolvimento do Milênio, 2015.* New York, 2015. Disponível em: https://www.unric.org/pt/images/stories/2015/PDF/MDG2015_PT.pdf. Acesso em: 30 jan. 2021.

90 Aqui foram elencados alguns dos mais importantes eventos de parte do século XX e do início do século XXI. Seria importante considerar tais eventos no contexto de tantos outros promovidos pela ONU Mulheres, UNAIDS, WHO, OIT, IPPF, UNFPA, UNESCO.

as Conferências do Cairo e de Beijing terem dado ênfase à saúde reprodutiva e sexual, à desigualdade de gênero, ao empoderamento das mulheres e à discriminação em relação às sexualidades não normativas contribuiu para que os termos "direitos reprodutivos" e "direitos sexuais" fossem se consolidando em âmbito internacional e nacional devido a uma mais precisa compreensão dos temas em questão e à expansão e implantação dos planos de ação propostos pelas próprias Conferências.[91]

Mas acredito que Roger Raupp Rios tem plena razão quando afirma que o fato de a sexualidade ser abordada "nos instrumentos internacionais a partir da legítima e necessária preocupação com a situação da mulher" e, consequentemente, ter engendrado, "a partir do espectro dos direitos reprodutivos, a noção de direitos sexuais, essa perspectiva necessita ser alargada para o desenvolvimento de um direito da sexualidade".[92]

3.2 Direitos sexuais: rumo a uma Declaração universal

O período imediato pós-Cairo/Beijing foi caracterizado pela ênfase ora posta sobre questões de saúde reprodutiva, ora sobre questões de saúde sexual. Mas o importante foi que a inclusão da saúde sexual à saúde reprodutiva permitiu que os termos "saúde reprodutiva e sexual" e "direitos reprodutivos e sexuais" fossem oficialmente assumidos em publicações internacionais.[93]

Por outro lado, a inclusão do termo "saúde sexual" à saúde reprodutiva serviu para que, aos poucos, fosse ficando claro que nem

---

91 CORRÊA; HOWE. Global Perspectives on Sexual Rights, p. 170-173.
92 RIOS, Roger Raupp. Para um direito democrático da sexualidade. *Horizontes Antropológicos*, Porto Alegre 12/26 (2006): 78.
93 LOTTES. Sexual Rights: Meanings, Controversies, and Sexual Health Promotion, p. 372-375.

todas as exigências que derivam dos direitos sexuais poderiam ser devidamente abordadas pela ligação de tais direitos com saúde reprodutiva e sexual. Fazia-se imperativo vincular os direitos sexuais aos direitos humanos, pois isso, além de evitar o perigo de medicalizar tanto identidades quanto práticas, permitiria que identidades e práticas sexuais não normativas fossem consideradas.[94]

Foi nesse contexto que começaram a surgir as primeiras listas internacionais de direitos sexuais. Vale a pena mencionar três da década de 1990: a) 1996: Women's Global Network for Reproductive Rights. What are women's sexual rights? *Women's Global Network for Reproductive Rights Newsletter* 53, 31; b) International Women's Health Coalition: *Sexual Rights of the Women's Health Group HERA* (Health, Empowerment, Rights, and Accountability); c) 1996-1997-1998: International Planned Parenthood Federation (IPPF): *Charter on Sexual and Reproductive Rights; Sexual and Reproductive Rights: a new approach with communities; Young's people rights,* respectivamente.[95] Se as duas primeiras listas adotaram uma perspectiva feminista, fundamentada no direito e na justiça social, as três publicações da IPPF se caracterizaram mais pelo fato de incluírem a saúde sexual como parte da saúde reprodutiva. Não podemos ignorar também que a fundação da Associação Internacional para o Estudo da Sexualidade, Cultura e Sociedade, em 1997, e as atividades realizadas por ela nos anos subsequentes muito contribuíram para avançar a reflexão sobre a educação para os direitos sexuais, envolvendo profissionais de diferentes áreas, interessados em promover a saúde e os direitos sexuais.

---

94 Ver: MILLER. Sexual But Not Reproductive, p. 69-109; MILLER, Alice M.; VANCE, Carole S. Sexuality, Human Rights, and Health. In: *Health and Human Rights* 7 (2004): 5-15.
95 Tais listas podem ser conferidas nos apêndices do artigo de LOTTES. Sexual Rights: Meanings, Controversies, and Sexual Health Promotion, p. 389.

Vale notar também algumas iniciativas importantes da primeira década do terceiro milênio: a) 2000: a Pan American Health Organization (PAHO) empenha-se em desenvolver um programa de promoção da saúde sexual, partindo do pressuposto de que os direitos sexuais são condição essencial para uma boa saúde sexual;[96] b) 2000: Diane Richardson publica um artigo sobre sexualidade e cidadania, mostrando o quanto a institucionalização da heterossexualidade limita ou viola os direitos civis, políticos e sociais dos cidadãos;[97] c) 2005: Helmut Graupner e Phillip Tahmindjis publicam um livro organizado por eles sobre os direitos de pessoas lésbicas, gays, bissexuais e transexuais (LGBT), mostrando os avanços e os desafios quanto à legislação e à proteção legal das minorias;[98] d) 2006-2007: profissionais de diferentes áreas desenvolvem e adotam os Princípios de Yogyakarta, princípios sobre a aplicação da legislação internacional de direitos humanos em relação à orientação sexual e identidade de gênero;[99] e) 2006: a abertura, em Genebra, do escritório da Sexual Rights Initiative

---

[96] PAN AMERICAN HEALTH ORGANIZATION, REGIONAL OFFICE OF THE WORLD HEALTH ORGANIZATION. *Promotion of Sexual Health: Recommendations for Action.* Washington, DC: PAHO, 2000.

[97] RICHARDSON, Diane. Constructing Sexual Citizenship: Theorizing Sexual Rights. *Critical Social Policy* 20/1 (2000): 105-135. Ver também: RICHARDSON, Diane. Sexuality and Citizenship. *Sociology* 32/1 (1998): 83-100.

[98] GRAUPNER, Helmut; TAHMINDJIS, Phillip (Eds.). *Sexuality and Human Rights.* Binghamton, NY: Harrington Park Press, 2005.

[99] PRINCÍPIOS DE YOGYAKARTA. Princípios sobre a aplicação da legislação internacional de direitos humanos em relação à orientação sexual e identidade de gênero, julho de 2007. Disponível em: http://www.dhnet.org.br/direitos/sos/gays/principios_de_yogyakarta.pdf. Acesso em: 30 jan. 2021. Ver também: THE YOGYAKARTA PRINCIPLES PLUS 10. Additional Principles and State Obligations on the Application of International Human Rights Law in Relation to Sexual Orientation, Gender Identity, Gender Expression and Sex Characteristics to Complement the Yogyakarta Principles as Adopted on 10 November 2017, Geneva. Disponível em: http://www.yogyakartaprinciples.org/wp-content/uploads/2017/11/A5_yogyakartaWEB-2.pdf. Acesso em: 30 jan. 2021.

(SRI), uma coalisão de organizações nacionais e internacionais de todo o mundo que advoga, junto ao Conselho de Direitos Humanos das Nações Unidas, em favor do avanço dos direitos humanos em relação a questões de gênero e sexualidade;[100] f) 2010: a World Health Organization (WHO) publica um documento técnico que afirma a importância dos direitos sexuais para que as pessoas se realizem sexualmente.[101]

Como exemplos de bem-sucedidas iniciativas de propor ao mundo uma lista de direitos sexuais, antes de propor uma leitura ética sobre eles, apresento, aqui, a Declaração da *International Planned Parenthood Federation* (IPPF), de 2008, e a Declaração da *World Association for Sexual Health* (WAS), de 2015.

3.2.1 Direitos Sexuais: Declaração da IPPF[102]

Em 1994, a IPPF — organização global não governamental com o objetivo de promover a saúde sexual e reprodutiva e defender o direito que as pessoas têm de fazer suas próprias escolhas quanto ao planejamento familiar — publicou a Carta sobre Direitos Sexuais e Reprodutivos, documento que fez história

---

100 Ver: http://www.sexualrightsinitiative.com/about-us/who-we-are/. Acesso em: 30 jan. 2021.

101 WORLD HEALTH ORGANIZATION. *Developing Sexual Health Programmes:* a Framework for Action. Geneva: World Health Organization, 2010. Disponível em: https://apps.who.int/iris/bitstream/handle/10665/70501/WHO_RHR_HRP_10.22_eng.pdf;jsessionid=0C340074F6D72BF6D-37729D11DB42D48?sequence=1. Acesso em: 30 jan. 2021.

102 INTERNATIONAL PLANNED PARENTHOOD FEDERATION (IPPF). Direitos sexuais: uma declaração da IPPF. Rio de Janeiro: BEMFAM, 2009. Disponível em: http://www.apf.pt/sites/default/files/media/2015/direitos_sexuais_ippf.pdf. Acesso em: 30 jan. 2021. Vale a pena ter presente também o guia elaborado para os jovens a partir da Declaração: INTERNATIONAL PLANNED PARENTHOOD FEDERATION. Exclaim! Young People's Guide to 'Sexual Rights: an IPPF Declaration' (2012). Disponível em: https://www.ippf.org/sites/default/files/ippf_exclaim_lores.pdf. Acesso em: 30 jan. 2021.

por ter integrado os direitos humanos nos serviços de saúde. Com o passar do tempo, a Federação foi tomando consciência da necessidade de abrir-se a novas questões que implicavam não apenas explorar mais profundamente o campo da sexualidade, mas também identificar direitos sexuais que abrangessem todas as categorias de pessoas. Em 2006, o Conselho Diretivo da IPPF criou um Painel sobre Direitos Sexuais, que apontou a necessidade de um documento-base específico sobre sexualidade. Iniciou-se um processo interno na Federação de estudo, debate, aprofundamento do tema, levando em conta as diferenças culturais e religiosas dos vários países. O trabalho foi realizado por regiões, a fim de que os direitos sexuais fossem abordados no contexto de suas próprias histórias e experiências culturais. Em 2007, o Painel apresentou uma minuta da publicação de um possível documento-base. Esta, depois de submetida à apreciação crítica, resultou no documento final, aprovado em 2008. A IPPF assume os direitos sexuais como direitos humanos e afirma a sexualidade e o prazer como dimensões constitutivas do humano.[103]

Para a IPPF, os direitos sexuais "referem-se a normas específicas que emergem quando Direitos Humanos existentes são aplicados à Sexualidade. Estes direitos incluem liberdade, igualdade, privacidade, autonomia, integridade e dignidade de todas as pessoas; princípios reconhecidos em muitos instrumentos internacionais que são particularmente relevantes para a Sexualidade".[104] Uma análise detalhada dos princípios gerais que fundamentam a proposta da IPPF e dos próprios direitos sexuais pode ser encontrada na própria Declaração. Aqui apenas listo tais princípios e direitos.[105]

---

103 IPPF, p. iii.
104 IPPF, p. 10.
105 IPPF, p. 12-21.

Princípios

1. A sexualidade é parte integrante da personalidade de todo ser humano. Por esta razão, deve ser criado um ambiente favorável onde todos possam usufruir de todos os direitos sexuais como parte do processo de desenvolvimento.
2. A garantia de direitos e a proteção a pessoas menores de dezoito anos diferem daquelas dos adultos e devem levar em consideração a capacidade individual de cada criança ou adolescente para exercer os direitos em seu próprio nome.
3. A não discriminação sustenta a proteção e promoção de todos os direitos humanos.
4. A sexualidade, assim como o prazer derivado dela, é um aspecto central do ser humano, quer a pessoa opte por reproduzir-se, quer não.
5. A garantia dos direitos sexuais para todos inclui um compromisso com a liberdade e proteção contra danos.
6. Os direitos sexuais devem estar sujeitos apenas àquelas limitações determinadas pela lei com a finalidade de garantir o devido reconhecimento e respeito aos direitos e liberdades de terceiros e ao bem-estar geral em uma sociedade democrática.
7. As obrigações de respeitar, proteger e cumprir são aplicáveis a todos os direitos sexuais e liberdades.

Direitos sexuais

1. Direito à igualdade, proteção igual perante a lei e estar a salvo de todas as formas de discriminação baseadas no sexo, sexualidade ou gênero.
2. Direito de participação para todas as pessoas, independentemente do sexo, sexualidade ou gênero.
3. Direito à vida, liberdade, segurança pessoal e integridade física.
4. Direito à privacidade.
5. Direito à autonomia pessoal e reconhecimento perante a lei.
6. Direito à liberdade de pensamento, opinião e expressão; direito à associação.
7. Direito à saúde e aos benefícios do progresso científico.
8. Direito à educação e à informação.
9. Direito de optar por casar ou não casar, constituir família, e de decidir ter ou não ter filhos, como e quando tê-los.
10. Direito de responsabilização e de reparação.

3.2.2 Direitos Sexuais: Declaração da WAS[106]

Empenhada desde a década de 1990 na promoção da separação dos direitos sexuais dos direitos reprodutivos, a contribuição da WAS não pode ser ignorada. Fundada em 1978, a WAS — um grupo mundial multidisciplinar de sociedades

---

[106] WORLD ASSOCIATION FOR SEXUAL HEALTH. Declaração dos Direitos Sexuais. Tradução de Jaqueline Brendler e Márcia Rocha. Revisão feita por Oswaldo M. Rodrigues Jr. Disponível em: http://www.worldsexology.org/wp-content/uploads/2013/08/DSR-Portugese.pdf. Acesso em: 30 jan. 2021. A versão original da Declaração e as traduções em várias línguas encontram-se disponíveis em: http://www.worldsexology.org/resources/declaration-of-sexual-rights/. Acesso em: 30 jan. 2021.

científicas, organizações não governamentais e profissionais do campo da sexualidade humana — sempre se dedicou a promover a saúde sexual em todo o mundo. O percurso histórico feito por ela deixa claro que a compreensão da sua missão foi se alargando com o passar do tempo: de contribuições no campo da sexologia, a WAS passou também a promover educação sexual, saúde sexual e direitos sexuais, a ponto de, em 2005, mudar o seu nome para World Association for Sexual Health. A primeira Declaração de Direitos Sexuais da WAS data de 1997 e foi apresentada no 13º Congresso de Sexologia, em Valência (Espanha). Em 1999, foi revisada e aprovada em Hong Kong (China) pela Assembleia Geral da WAS; em 2008, foi reafirmada na *Declaração WAS: Saúde Sexual para o Milênio*; em 2014, foi aprovada pelo Conselho Consultor da WAS e, em 2015, pela Assembleia Geral, em Singapura. Para a WAS, os direitos sexuais são, definitivamente, direitos humanos, a ponto de a saúde sexual ser "pré-requisito para o desenvolvimento social e econômico sustentável de comunidades e nações".[107]

Princípios

Reconhecendo que direitos sexuais são essenciais para o alcance do maior nível de saúde sexual possível, a Associação Mundial para a Saúde Sexual:

1. DECLARA que direitos sexuais são baseados nos direitos humanos universais que já são reconhecidos

---

[107] KISMÖDI, Eszter; CORONA, Esther; MATICKA-TYNDALE, Eleanor; RUBIO-AURIOLES, Eusebio; COLEMAN, Eli. Sexual Rights as Human Rights: A Guide for the WAS Declaration of Sexual Rights. *International Journal of Sexual Health* 29/51 (2017): 1; 4-6.

em documentos de direitos humanos domésticos e internacionais, em Constituições nacionais e leis, em padrões e princípios de direitos humanos, e em conhecimento científico relativos à sexualidade humana e saúde sexual;
2. REAFIRMA que a sexualidade é um aspecto central do ser humano em toda a vida e abrange sexo, identidade e papéis de gênero, orientação sexual, erotismo, prazer, intimidade e reprodução. A sexualidade é experienciada e expressa em pensamentos, fantasias, desejos, crenças, atitudes, valores, comportamentos, práticas, papéis e relacionamentos. Embora a sexualidade possa incluir todas essas dimensões, nem todas elas são sempre expressas ou sentidas. A sexualidade é influenciada pela interação de fatores biológicos, sociais, econômicos, políticos, culturais, legais, históricos, religiosos e espirituais;
3. RECONHECE que a sexualidade é uma fonte de prazer e bem-estar e contribui para a satisfação e realização do ser humano como um todo;
4. REAFIRMA que a saúde sexual é um estado de bem-estar físico, emocional, mental e social relacionado com a sexualidade; não é meramente a ausência de doença, disfunção ou enfermidade. A saúde sexual requer uma abordagem positiva e respeitosa com a sexualidade e relacionamentos sexuais, bem como a possibilidade de ter experiências sexuais prazerosas e seguras, livres de coerção, discriminação ou violência;
5. REAFIRMA que a saúde sexual não pode ser definida, compreendida ou operacionalizada sem uma profunda compreensão da sexualidade;

6. REAFIRMA que, para a saúde sexual ser atingida e mantida, os direitos sexuais de todos devem ser respeitados, protegidos e efetivados;
7. RECONHECE que direitos sexuais são baseados na liberdade, dignidade e igualdade inerentes a todos os seres humanos e incluem o compromisso de proteção contra danos;
8. AFIRMA que igualdade e não discriminação são fundamentais à proteção e promoção de todos os direitos humanos e incluem a proibição de quaisquer distinções, exclusões ou restrições com base em raça, etnia, cor, sexo, linguagem, religião, opinião política ou outra qualquer, origem social ou regional, características, status de nascimento ou outro qualquer, inclusive deficiências, idade, nacionalidade, estado civil ou familiar, orientação sexual e identidade de gênero, estado de saúde, local de residência e situação econômica ou social;
9. RECONHECE que a orientação sexual, identidade de gênero, expressões de gênero e características físicas de cada indivíduo requerem a proteção dos direitos humanos;
10. RECONHECE que todos os tipos de violência, perseguição, discriminação, exclusão e estigma são violações dos direitos humanos e afetam o bem-estar do indivíduo, famílias e comunidades;
11. AFIRMA que as obrigações de respeitar, proteger e fazer cumprir os direitos humanos se aplicam a todos os direitos sexuais e liberdades;
12. AFIRMA que os direitos sexuais protegem os direitos de todas as pessoas na plena realização e expressão de sua sexualidade, usufruindo de sua saúde sexual, desde que

respeitados os direitos do próximo. Direitos sexuais são direitos humanos referentes à sexualidade.

Direitos Sexuais

1. O direito à igualdade e à não discriminação. Todos têm o direito de usufruir dos direitos sexuais definidos nesta Declaração, sem distinção de qualquer tipo, seja de raça, etnia, cor, sexo, linguagem, religião, opinião política ou outra qualquer, origem social ou regional, local de residência, características, nascimento, deficiência, idade, nacionalidade, estado civil ou familiar, orientação sexual, identidade e expressão de gênero, estado de saúde, situação econômica, social ou outra qualquer;
2. O direito à vida, liberdade e segurança pessoal. Todos têm direito à vida, liberdade e segurança, que não podem ser ameaçadas, limitadas ou removidas arbitrariamente por motivos relativos à sexualidade. Esses incluem: orientação sexual, comportamentos e práticas sexuais consensuais, identidade e expressões de gênero, bem como acessar ou ofertar serviços referentes à saúde sexual e reprodutiva;
3. O direito à autonomia e integridade corporal. Todos têm o direito de controlar e decidir livremente questões relativas à sua sexualidade e seu corpo. Isso inclui a escolha de comportamentos sexuais, práticas, parceiros e relacionamentos, desde que respeitados os direitos do próximo. A tomada de decisões livre e informada requer consentimento livre e informado antes de quaisquer testes, intervenções, terapias, cirurgias ou pesquisas de natureza sexual;

4. O direito de estar isento de tortura, tratamento ou punição cruel, desumana ou degradante. Todos devem estar isentos de tortura, tratamento ou punição cruel, desumana ou degradante em razão de sua sexualidade, incluindo: práticas tradicionais nocivas; esterilização, contracepção ou aborto forçado; outras formas de tortura, tratamentos cruéis, desumanos ou degradantes praticados por razões referentes ao sexo, gênero, orientação sexual, identidade e expressão de gênero ou característica física de alguém;
5. O direito de estar isento de todas as formas de violência ou coerção. Todos deverão estar isentos de violência e coerção relativas à sexualidade, incluindo: estupro, abuso ou perseguição sexual, "bullying", exploração sexual e escravidão, tráfico com o propósito de exploração sexual, teste de virgindade ou violência cometida devido à prática sexual real ou presumida, orientação sexual, identidade e expressão de gênero ou qualquer característica física;
6. O direito à privacidade. Todos têm direito à privacidade referente à sexualidade, vida sexual e escolhas inerentes ao seu próprio corpo, relações e práticas sexuais consensuais, sem interferência ou intrusão arbitrária. Isso inclui o direito de controlar a divulgação de informação relativa à sua sexualidade pessoal a outrem;
7. O direito ao mais alto padrão de saúde atingível, inclusive de saúde sexual, com a possibilidade de experiências sexuais prazerosas, satisfatórias e seguras. Todos têm direito ao mais alto padrão de saúde e bem-estar possíveis, relacionados com a sexualidade, incluindo a possibilidade de experiências sexuais prazerosas, satisfatórias e seguras. Isso requer a disponibilidade, acessibilidade e

aceitação de serviços de saúde qualificados, bem como o acesso a condições que influenciem e determinem a saúde, incluindo a saúde sexual;
8. O direito de usufruir dos benefícios do progresso científico e suas aplicações. Todos têm o direito de usufruir dos benefícios do progresso científico e suas aplicações em relação à sexualidade e saúde sexual;
9. O direito à informação. Todos devem ter acesso à informação cientificamente precisa e esclarecedora sobre sexualidade, saúde sexual e direitos sexuais por meio de diversas fontes. Tal informação não deve ser arbitrariamente censurada, retida ou intencionalmente deturpada;
10. O direito à educação e o direito à educação sexual esclarecedora. Todos têm direito à educação e a uma educação sexual esclarecedora. Educação sexual esclarecedora deve ser adequada à idade, cientificamente acurada, culturalmente idônea, baseada nos direitos humanos e na equidade de gêneros e ter uma abordagem positiva quanto à sexualidade e ao prazer;
11. O direito de constituir, formalizar e dissolver casamento ou outros relacionamentos similares baseados em igualdade, com consentimento livre e absoluto. Todos têm o direito de escolher casar-se ou não, bem como adentrar livre e consensualmente em casamento, parceria ou outros relacionamentos similares. Todas as pessoas são titulares de direitos iguais na formação, durante e na dissolução de tais relacionamentos sem discriminações de qualquer espécie. Esse direito inclui igualdade absoluta de direitos frente a seguros sociais, previdenciários e outros benefícios, independentemente da forma do relacionamento;

12. O direito de decidir sobre ter filhos, o número de filhos e o espaço de tempo entre eles, além de receber informações e meios para tal. Todos têm o direito de decidir ter ou não ter filhos, a quantidade desses e o lapso de tempo entre cada criança. O exercício desse direito requer acesso a condições que influenciam e afetam a saúde e o bem-estar, incluindo serviços de saúde sexual e reprodutiva relativos à gravidez, contracepção, fertilidade, interrupção da gravidez e adoção;
13. O direito à liberdade de pensamento, opinião e expressão. Todos têm direito à liberdade de pensamento, opinião e expressão relativos à sexualidade, bem como o direito à expressão plena de sua própria sexualidade, por exemplo, na aparência, comunicação e comportamento, desde que devidamente respeitados os direitos dos outros;
14. O direito à liberdade de associação e reunião pacífica. Todos têm o direito de organizar-se, associar-se, reunir-se, manifestar-se pacificamente e advogar, inclusive sobre sexualidade, saúde sexual e direitos sexuais;
15. O direito de participação na vida pública e política. Todos têm direito a um ambiente que possibilite a participação ativa, livre e significativa e que contribua com aspectos civis, econômicos, sociais, culturais e políticos da vida humana em âmbito local, regional, nacional ou internacional. Em especial, todos têm o direito de participar do desenvolvimento e implantação de políticas que determinem seu bem-estar, incluindo sua sexualidade e saúde sexual;
16. O direito de acesso à justiça, reparação e indenização. Todos têm o direito ao acesso à justiça, reparação e indenização por violações de seus direitos sexuais. Isso requer

medidas efetivas, adequadas e acessíveis, assim como devidamente educativas, legislativas, judiciais, entre outras. Reparação inclui retratação, indenização, reabilitação, satisfação e garantia de não repetição.

Tanto a lista de direitos sexuais da IPPF quanto a da WAS visam garantir que todos tenham acesso a condições que permitam a expressão da sexualidade livre de qualquer forma de coerção, discriminação, injustiça ou violência. Justamente por isso, acredito que tais direitos devem abrir-se a uma perspectiva ética que os interpele sobre o grau de humanização que proporcionam e/ou favorecem. Antes de propor uma leitura ética de tais direitos e, consequentemente, a urgência de um direito democrático da sexualidade (capítulo IV), elenco aqui alguns aspectos que, embora problemáticos, constituem-se desafios e compromissos a serem superados e assumidos. Isso me permitirá voltar ao conteúdo das Declarações da IPPF e da WAS com maior objetividade.

3.3 Direitos sexuais: para além das controvérsias e ambiguidades

Propor uma lista de direitos sexuais pode parecer presunção pelo fato de tal lista (seja a da IPPF, seja a da WAS) não poder, em si mesma, considerar as particularidades de cada região, seus antecedentes históricos, suas culturas e religiões. O fato de uma lista como essa ser resultado de um amplo e longo processo de investigação, debate e consulta, considerar as mudanças socioculturais e envolver profissionais de diferentes áreas do saber e credos religiosos indica que o mais importante não é tanto reproduzi-la formalmente, mas "incorporar a estrutura e os princípios subjacentes" a ela nas próprias atividades, serviços e programas que visam promover e defender os direitos sexuais.[108]

Interessa-me, aqui, evidenciar alguns princípios comuns às duas Declarações apresentadas, pois eles constituem o fundamento para todos os direitos sexuais propostos e, justamente por isso, garantem o respeito, a proteção e o avanço de tais direitos:

1. os direitos sexuais são reconhecidos como direitos humanos:[109] são normas que emergem quando os direitos humanos são aplicados à sexualidade; assim como os direitos humanos, os direitos sexuais referem-se a todas as pessoas e "garantem que todos tenham acesso a condições que permitam a plenitude e a expressão da sexualidade livre de qualquer forma de coerção, discriminação ou violência e dentro de um contexto de respeito à dignidade";[110]
2. a sexualidade é afirmada como dimensão constitutiva do humano:[111] ela é expressão da pessoa; sendo uma realidade complexa, a compreensão da sexualidade exige uma abordagem interdisciplinar; ela "é constituída através da interação de fatores biológicos, psicológicos, sociais, econômicos, políticos, culturais, éticos, legais, históricos, religiosos e espirituais" e "é experimentada e expressada em pensamentos, fantasias, desejos, crenças, atitudes, valores, comportamentos, práticas e relacionamentos";[112]
3. embora a reprodução seja um dos significados intrínsecos da sexualidade, muitas expressões sexuais não

---

108 IPPF, p. iv.
109 WAS, § 1 dos princípios gerais.
110 IPPF, p. 10.
111 IPPF, p. 12; WAS, § 2 dos princípios gerais.
112 IPPF, p. 11.

se relacionam com ela: os direitos sexuais não podem ser subordinados aos direitos reprodutivos ou à saúde reprodutiva; as diversas manifestações da sexualidade devem ser respeitadas, assim como deve ser assegurado a todos o igual acesso aos bens necessários para uma vida digna;[113]

4. os direitos sexuais são baseados na liberdade, dignidade e igualdade inerentes a todos os seres humanos:[114] todas as pessoas devem ter seus direitos sexuais protegidos e promovidos, assim como todas têm o direito de "desfrutar de todos os direitos sexuais como parte nos processos de desenvolvimento econômico, social, cultural e político";[115] isso é condição para a saúde sexual;[116]

5. igualdade e não discriminação são fundamentais à proteção e promoção de todos os direitos humanos: isso implica a proibição de quaisquer distinções, exclusões ou restrições "com base no sexo, idade, gênero, identidade de gênero, orientação sexual, estado civil, histórico ou comportamento sexual — quer real ou imputado —, raça, cor, etnia, idioma, religião, opinião política ou outra, origem nacional, geográfica ou social, propriedade, nascimento, invalidez física ou mental, condição de saúde, incluindo HIV/AIDS, e estado civil, político, social ou outro que tenha o propósito ou a finalidade de prejudicar ou anular o reconhecimento, usufruto ou exercício, sob uma base de igualdade com os outros indivíduos, de todos os Direitos Humanos e liberdades fundamentais

---

113 IPPF, p. 11.
114 IPPF, p. 12; WAS, § 7 dos princípios gerais.
115 IPPF, p. 13.
116 WAS, § 6 dos princípios gerais.

no campo político, econômico, social, cultural, civil ou qualquer outro campo";[117]

6. a proteção contra danos é um compromisso a ser assumido por todos: os danos relacionados à sexualidade incluem "tanto a violência quanto o abuso de natureza física, verbal, psicológica, econômica e sexual, assim como também a violência contra indivíduos por causa do seu sexo, idade, gênero, identidade de gênero, orientação sexual, estado civil, histórico ou comportamento sexual, quer real ou imputado; práticas sexuais ou formas de manifestar sua sexualidade. Todas as crianças e adolescentes têm o direito de desfrutar de proteção especial contra todas as formas de exploração";[118]

7. todos os direitos sexuais devem ser respeitados, protegidos e promovidos, sem exceção: cabe primeiramente ao Estado a responsabilidade de respeitar e fazer respeitar, proteger e defender, cumprir e fazer cumprir a realização plena dos direitos sexuais e prover recursos para efetivá-los.[119]

Vale a pena ressaltar, também, princípios que, embora não comuns às duas Declarações, precisam ser considerados:

1. a proteção e a promoção dos direitos sexuais devem considerar as vulnerabilidades das pessoas envolvidas: a garantia de direitos e proteção a crianças e adolescentes não pode ser a mesma assegurada aos adultos; crianças e adolescentes são sujeitos de direitos e, portanto, devem

---

117 IPPF, p. 14; WAS, §§ 8-12 dos princípios gerais.
118 IPPF, p. 14-15; WAS, § 7 dos princípios gerais.
119 IPPF, p. 15; WAS, § 11 dos princípios gerais.

ser protegidos contra todas as formas de danos; prioridade deve ser dada ao bem das pessoas mais vulneráveis;[120]
2. o prazer é um significado intrínseco da sexualidade: todas as pessoas têm direito a uma sexualidade prazerosa, assim como o direito de procurar, expressar e determinar quando experimentar o prazer;[121]
3. os direitos sexuais não são absolutos, mas estão sujeitos às limitações determinadas pela lei: a finalidade de tal limitação é assegurar que os interesses pessoais não se sobreponham aos interesses sociais e vice-versa; num contexto plural, é preciso garantir a igualdade, a dignidade e o respeito pela diferença.[122]

Apesar dos avanços conquistados nesse campo, em alguns contextos as pessoas ainda não contam com as devidas condições para:

1. tomar decisões autônomas sobre questões relativas à sexualidade ou à reprodução sexual;
2. ter acesso a informações e serviços relacionados à sexualidade;
3. expressar a própria sexualidade sem discriminação, estigma ou violência;
4. superar práticas sexuais culturais que atentam contra os direitos sexuais das pessoas;
5. compreender que convicções religiosas não podem gerar exclusão, discriminação e violência;

---

120 IPPF, p. 13.
121 IPPF, p. 14.
122 IPPF, p. 15.

6. dispor de meios para superar preconceitos, mitos e tabus relacionados à sexualidade e ao prazer sexual;
7. lutar para que o Estado seja diligente tanto em proteger quanto em punir violações dos direitos sexuais.

Os direitos sexuais são direitos de todas as pessoas. Se, por um lado, como afirma Rios, a elaboração de tais direitos foi resultado da evolução do direito internacional, o qual, após a Segunda Guerra Mundial, teve necessidade de afirmar a dignidade de todos os seres humanos "como reação às consequências dos totalitarismos, racismos 'científicos' e à presença dos neocolonialismos", por outro, ele "foi tendo que reconhecer as especificidades, abrindo espaço para o reconhecimento de minorias étnicas, linguísticas e religiosas". No entanto, por mais importante que tenha sido esta conquista, os direitos sexuais não podem ser limitados à "proteção de um grupo sexualmente subalterno em função do gênero e do sexo", como aconteceu até agora em relação à vulnerabilidade feminina e às identidades gays, lésbicas e transexuais.[123]

O porquê de um direito democrático da sexualidade dever transcender identidades e práticas sexuais será objeto do próximo capítulo.

---

123 RIOS. Para um direito democrático da sexualidade, p. 81-82.

IV - POR UMA VIVÊNCIA DEMOCRÁTICA DA SEXUALIDADE

Por tudo o que já foi acenado, resulta evidente que os direitos sexuais não se referem apenas aos direitos dos indivíduos, mas, sobretudo, aos direitos da humanidade em seu conjunto e nos seus diferentes níveis. Se tais direitos, nascidos no contexto de luta e reivindicações dos movimentos feministas, foram, num primeiro momento, resultado das realidades sociais de discriminação sexista e de violência e das questões relativas à saúde reprodutiva, hoje são reivindicados como direitos de todos, isto é, *direito democrático da sexualidade*, e, por isso mesmo, devem contar com uma abordagem jurídica que responda aos desafios teóricos e práticos que as orientações, expressões, práticas e identidades associadas à sexualidade produzem no contexto das sociedades democráticas contemporâneas.[124]

Pretendo, portanto, analisar os direitos sexuais não tanto numa perspectiva de proteção de identidades e liberdades particulares, mas a partir de uma perspectiva mais ampla, que garanta que todos tenham acesso a condições que permitam a expressão da sexualidade livre de qualquer forma de coerção, discriminação, injustiça ou violência. Justamente por isso, acredito que tais direitos devem abrir-se a uma perspectiva ética que os interpele sobre o grau de humanização que proporcionam e/ou

---

124 RIOS. Para um direito democrático da sexualidade.

favorecem. Proponho uma leitura ética de tais direitos, que ajude a compreender que precisamos de alguns critérios para saber o que humaniza ou desumaniza, o que é certo ou errado, o que é bom ou mau. São eles que deverão oferecer uma estrutura para todos os direitos sexuais e garantir que sejam respeitados e protegidos.

No entanto, antes de dar esse passo, é preciso aprofundar uma questão-chave: a relação entre direitos sexuais e cidadania. Entendida tal questão, ficará mais fácil compreender por que um direito democrático da sexualidade tem de partir do pressuposto de que todas as pessoas são sujeitos de direitos, e não apenas objetos de regulação, tais como, muitas vezes, são consideradas as mulheres, as crianças, os adolescentes, os homossexuais, os transexuais etc.

4.1 Cidadania sexual e vivência democrática da sexualidade

A sexualidade é, sem sombra de dúvida, um campo de poder. Se, por um lado, a categoria "direitos sexuais" foi resultado de conquistas históricas que almejaram o reconhecimento social de todas as pessoas como igualmente dignas e merecedoras das mesmas oportunidades e direitos, por outro, ela ainda não alcançou o seu objetivo final de pleno reconhecimento social nem foi capaz de se impor diante de uma oposição que cada vez mais adquire "a forma de um projeto cultural e político".[125] Discursos políticos e religiosos — que não deixam de ser importante instância de poder —, apregoam o risco da desestruturação social para negar aos diversos arranjos familiares e às relações entre pessoas do mesmo sexo os mesmos direitos assegurados às pessoas heterossexuais. E, com

---

125 MOREIRA, José Adilson. Cidadania sexual: postulado interpretativo da igualdade. *Direito, Estado e Sociedade* 48 (2016): 11.

isso, põem em evidência um conflito que nem sempre é bem resolvido, pois também ele depende de instâncias de poder: o papel do direito na sociedade e a sua relação com a moralidade.[126]

Acredito que Miguel Vale de Almeida tem razão quando afirma que "os processos de naturalização da diferença sexual e de gênero impossibilitaram historicamente a consideração da sexualidade como um campo de poder".[127] Isso se torna evidente quando consideramos, por exemplo, duas realidades: as novas configurações familiares e a união entre casais formados por pessoas do mesmo sexo. Ambas realidades provocam estranhamento e constituem, à primeira vista, uma ameaça à família tradicional, ou melhor, ao modelo de família por excelência. Admitir uma forma de relação e de exercício da parentalidade que não resulte de laços sanguíneos ou de aliança matrimonial — embora tenham sempre existido —, provoca, no mínimo, estranhamento. Mas, como afirma Paulo Roberto Ceccarelli, se até ontem tais situações podiam ser ignoradas ou tratadas como marginais, "a partir do momento em que os protagonistas desses arranjos passaram a exigir seus direitos de cidadãos provocando visibilidade, começaram a surgir questões que interpelam todo o tecido social".[128] Casais formados por pessoas do mesmo sexo também sempre existiram e, se até ontem as relações homoafetivas poderiam ser consideradas

---

126 Para não me distanciar do objetivo proposto, não poderei abordar, aqui, esse tema. Recomendo, por isso, as excelentes reflexões propostas por: MOREIRA. Cidadania Sexual, p. 10-16; LIMA LOPES, José Reinaldo de. O direito ao reconhecimento para gays e lésbicas. *SUR, Revista Internacional de Direitos Humanos,* São Paulo 2/2 (2005): 64-95.

127 ALMEIDA, Miguel Vale de. Cidadania sexual, direitos humanos, homofobia e orientação sexual. *A Comuna* 5 (2004): 50-55. Disponível em: http://miguelvaledealmeida.net/wp-content/uploads/2008/06/cidadania-sexual.pdf. Acesso em: 30 jan. 2021.

128 CECCARELLI, Paulo Roberto. Novas configurações familiares: mitos e verdades. *Jornal de Psicanálise,* São Paulo, 40/72 (2007): 92.

como comportamento de caráter privado sem repercussões na esfera pública, hoje, graças a uma nova concepção de cidadania, de acordo com Adilson José Moreira, "além de reconhecer a igual dignidade desses membros da comunidade política, ela também está relacionada com as condições materiais e institucionais necessárias para uma existência digna e com a possibilidade de ação autônoma no espaço público e no espaço privado".[129] Em outras palavras, o compromisso com a defesa e promoção do respeito à dignidade humana deve levar à afirmação de que o tratamento igualitário de todas as pessoas — tanto na esfera pública quanto na privada — é uma questão de igualdade democrática.

Ao superar a dicotomia entre público e privado, o conceito de cidadania nos obriga a considerar a "natureza política da identidade sexual, conceito geralmente identificado com a esfera da intimidade e largamente considerado irrelevante para as discussões sobre inclusão social".[130] Só assim poderemos compreender a importância de afirmar a cidadania sexual como fundamento da vivência democrática da sexualidade.

4.1.1 Cidadania sexual

Cidadania é uma categoria política usada para determinar o *status* jurídico e político de um indivíduo dentro de uma nação. O fato de ser cidadão assegura ao indivíduo o gozo de direitos necessários para que ele exerça a sua liberdade e a participação no processo político. Em outras palavras, essa perspectiva representa o indivíduo como sujeito de direito, o que garante a ele a atuação nas diferentes dimensões da existência humana.

---

129 MOREIRA. Cidadania sexual, p. 14.
130 MOREIRA. Cidadania sexual, p. 14.

Abordar o tema da sexualidade na perspectiva da cidadania significa ter mais condição de compreender a natureza de todas as questões sexuais, sobretudo daquelas que favoreçam a inclusão ou geram exclusão, visto que a sexualidade tem uma dimensão política, e a política tem um componente sexual. Foi nessa ótica que David Trevor Evans, em 1993, introduziu na literatura o conceito de cidadania sexual,[131] deixando claro que expressões sexuais não podem ser reduzidas a fenômenos naturais ou questões privadas, mas devem ser consideradas como questões culturais e públicas. Jeffrey Weeks, na esteira de Evans, aprofundou o conceito de cidadania sexual.[132] Para ele, o cidadão não pode ser pensado de modo abstrato, como se questões de gênero, sexualidade e corporalidade não fossem questões políticas.

A justa compreensão do conceito de cidadania sexual requer, segundo Moreira, que se tenham presentes os pilares sobre os quais ela se fundamenta:[133]

1. igualdade relacional: todas as pessoas têm o mesmo valor moral; todas têm direito a uma vida autônoma, tanto pública quanto privada; o que as pessoas são e as escolhas que elas fazem não podem ser critérios de exclusão, submissão/subordinação, discriminação; as relações de poder precisam ser mudadas, se se deseja mudar certas

---

[131] EVANS, David Trevor. *Sexual Citizenship*: the Material Construction of Sexualities. London: Routledge, 1993.

[132] WEEKS, Jeffrey. The Sexual Citizen. *Theory, Culture and Society* 15/3-4 (1998): 35-52.

[133] Seguirei, aqui, o estudo feito por Moreira, por considerá-lo fundamento oportuno para as reflexões propostas neste capítulo. Para Gert Hekma, os direitos de livre expressão, autonomia corporal, inclusão institucional e temas relativos ao espaço público-privado fazem parte do conceito de cidadania sexual. Ver: HEKMA, Gert. Sexual Citizenship. In: *GLBTQ Encyclopedia* 2004. Disponível em: http://www.glbtqarchive.com/ssh/sexual_citizenship_S.pdf. Acesso em: 30 jan. 2021.

normas culturais que legitimam certos processos de estratificação; a igualdade relacional implica a superação de estereótipos negativos que não permitem que todos sejam tratados com apreço, favorecendo, portanto, a marginalização; hierarquias arbitrárias ou formas assimétricas de poder ou respeito que resultam das diferenças de estima social entre os grupos devem ser eliminadas; todos são dignos de respeito e consideração;[134]

2. identidade pessoal: a identidade pessoal tem profunda relevância na vida social; pessoas de gêneros diferentes e de orientações sexuais distintas possuem o mesmo *status* jurídico; o caráter político da sexualidade faz dos cidadãos não apenas sujeitos jurídicos, mas sujeitos sexuais, isto é, sujeitos que têm o direito de ver operacionalizadas suas relações/uniões por meio de acesso a direitos; o direito à autonomia implica a possibilidade de que todos gozem plenamente de seus direitos e não sejam excluídos da proteção jurídica por pertencerem a este ou àquele gênero ou por terem esta ou aquela orientação sexual; o princípio da igualdade resulta emancipatório, sobretudo das minorias sexuais;[135]

3. pluralismo social: se o sujeito de direito for identificado com qualquer sujeito específico, o risco é o de construir uma forma de normatividade cultural que legitima um tipo de sexualidade e desqualifica outro; a cidadania exige reconhecimento da igual dignidade dos indivíduos; no entanto, esse reconhecimento não garante, por si mesmo, a realização dos indivíduos e a emancipação das minorias; é preciso pensar os direitos fundamentais

---

134 MOREIRA. Cidadania sexual, p. 16-20.
135 MOREIRA. Cidadania sexual, p. 20-22.

a partir do pluralismo de identidades, a fim de que se garanta liberdade e igualdade para todos;[136]
4. inclusão social: pelo fato de muitas pessoas serem impedidas de participar dos benefícios da cidadania, é preciso combater os mecanismos responsáveis pela estratificação social por meio da inclusão social; esta se caracteriza pela atenção às minorias, aos grupos em desvantagem social e pela promoção de melhores condições de vida para grupos marginalizados; praticamente, isso implica favorecer que todos participem da vida social em condições de igual respeito, construir a solidariedade social, garantir o desenvolvimento de todos, eliminar toda forma de marginalização.[137]

À luz de tais fundamentos, podemos levantar uma série de questões que ajudam a compreender a importância e a riqueza de significado da expressão "cidadania sexual" no processo de vivência democrática da sexualidade. Como conceber que minorias sexuais e relações familiares sejam toleradas socialmente apenas na medida em que as suas práticas fiquem circunscritas ao espaço privado? É justo para com todos os cidadãos que o espaço público resulte identificado com um determinado modelo familiar e uma determinada orientação sexual? Não estaríamos, desta forma, favorecendo um tipo de invisibilidade social que justificaria o tratamento diferenciado entre os cidadãos? Não atenta contra a justiça impor o silêncio a um determinado grupo, negando a ele a manifestação da própria identidade? As relações que as pessoas estabelecem a partir da própria condição sexual não são importantes para a construção e afirmação da sua identidade, a ponto de comprometer sua

---

136 MOREIRA. Cidadania sexual, p. 22-24.
137 MOREIRA. Cidadania sexual, p. 25-28.

autorrealização? Ver-se obrigado a conformar-se socialmente para ser aceito não é algo que contradiz a noção de dignidade humana, além de provocar sofrimento às pessoas envolvidas?

Moreira tem razão quando afirma que "o conceito de cidadania sempre esteve associado à possibilidade de o indivíduo poder exercer a autonomia pessoal, o que depende de acesso a direitos que são articulados na esfera pública. Dessa forma, a mobilização em torno da sexualidade adquire importância crescente, principalmente quando se percebe que sexualidade e cidadania estão relacionadas de diversas formas, desde a atribuição de lugares sociais de acordo com o sexo das pessoas, passando pela regulação legal da constituição da família, até a determinação de quais formas de sexualidade podem ser expressas na vida pública".[138]

Resulta difícil definir a expressão "cidadania sexual" devido à pluralidade de sentidos que ela pode ter ao afirmar a igualdade de direitos em diferentes instâncias da vida das pessoas. No entanto, segundo Moreira, ela "deve ser vista como uma possibilidade de afirmação e expressão da identidade sexual" e como "um tipo de pertencimento social que permite ao indivíduo integrar aspectos centrais da sua identidade pública e a sua identidade privada".[139] Sexualizar a cidadania significa dar às pessoas e aos grupos que sempre foram excluídos dos benefícios plenos da cidadania condições de não apenas formular suas demandas de direitos, mas também lutar por leis que punam quaisquer formas de discriminação por causa da identidade sexual das pessoas e das expressões que dela derivam.

---

138 MOREIRA. Cidadania sexual, p. 34.
139 MOREIRA. Cidadania sexual, p. 35. Ver também: CARBADO, Devon. Straight Out of the Closet. *Berkeley Women's Law Journal* 15/1 (2000): 77-124.

4.1.2 Cidadania sexual e direitos sexuais

Como conceber os direitos sexuais na perspectiva da cidadania sexual? Responderei a essa pergunta debruçando-me sobre as questões levantadas acima (4.1.1). O conjunto da resposta ajudará a compreender o real significado que adquirem os direitos sexuais para os cidadãos.

Se os direitos sexuais asseguram a liberdade sexual, não tem sentido que minorias sexuais e relações familiares sejam toleradas socialmente apenas na medida em que as suas práticas fiquem circunscritas ao espaço privado. As pessoas — e aqui me refiro às pessoas adultas, capazes de serem responsavelmente autônomas — têm o direito de vislumbrar relacionamentos baseados na igualdade; fazer escolhas e partilhar sua intimidade com quem acreditam ser significativos em sua vida; viver experiências de afeto mútuo e construir relações baseadas no compromisso; engajar-se em práticas sexuais sem que os seus direitos sejam restringidos por causa da sua orientação sexual e do contexto familiar no qual vivem. Em outras palavras, o espaço público não pode ser identificado com um determinado modelo familiar ou uma determinada orientação sexual que põe em risco a democratização da intimidade.

Se isso ocorrer, estaremos favorecendo um tipo de invisibilidade social que justificaria o tratamento diferenciado entre os cidadãos que não têm um determinado tipo de orientação sexual ou que não vivem num determinado modelo familiar. Os direitos sexuais implicam a superação de padrões culturais que permitem certas práticas a quem socialmente é dado o poder de realizá-las pela condição na qual se encontra. Isso significa que as normas reguladoras do comportamento sexual, baseadas em relações assimétricas entre os diversos grupos sociais, não têm razão de existir. Ao dar visibilidade social apenas a certos tipos de pessoas ou de relações, relega-se à invisibilidade social uma parcela da população que tem os mesmos direitos quanto à vivência do prazer que resulta de escolhas pessoais. Em outras palavras, trata-se de um atentado contra a justiça impor o silêncio a um determinado grupo, negando a ele a manifestação da própria identidade. Se as relações que as pessoas estabelecem a partir da própria condição sexual são importantes para a construção e afirmação da sua identidade, obrigá-las a conformar-se socialmente para serem aceitas, além de comprometer sua realização pessoal, contradiz a noção de dignidade humana e causam um grande sofrimento.

Poder exercer a sexualidade de forma autônoma por meio dos direitos sexuais é uma questão de cidadania sexual. Mas a cidadania sexual não pode reduzir-se a isso. O acesso aos direitos civis e políticos constitui o substrato necessário para que as pessoas e os grupos minoritários possam gozar da igualdade de tratamento por parte tanto das instituições públicas quanto das privadas e contar com o que é necessário para a própria realização nas diferentes instâncias da vida social. A cidadania sexual, como bem nos lembra Moreira, não pode ser construída sobre a noção de um sujeito abstrato de direito: "A noção de cidadania sexual enfatiza a importância de se compreender a pluralidade de posições que as pessoas ocupam dentro da sociedade. Portanto, minorias sexuais precisam ter acesso a direitos e obrigações de diferentes gerações para que possam ter uma vida autônoma. Por esse motivo, não se pode perder de vista o fato que o conceito de cidadania sexual mantém relações próximas com outras formulações de igualdade, entre elas as referentes à cidadania de minorias raciais",[140] e, justamente por isso, exige empenho para que se eliminem os estigmas sociais que foram sendo institucionalizados no decorrer do tempo.

---

140 MOREIRA. Cidadania sexual, p. 37. É importante notar que as pessoas podem sofrer diferentes discriminações ao mesmo tempo e, consequentemente, diferentes formas de exclusão social. Basta pensar, por exemplo, na intersecção entre homofobia e racismo.

4.2 Vivência democrática da sexualidade

Todos os homens e mulheres, hétero ou homossexuais, pelo simples fato de serem pessoas humanas, são vulneráveis, isto é, passíveis de serem feridos. No entanto, nem todos são, da mesma forma e na mesma intensidade, vítimas de injustiça, discriminação, opressão, exploração e violência por causa do que são, das relações que estabelecem ou dos contextos socioculturais nos quais vivem. Segundo Rubens de Camargo Ferreira Adorno, "o termo vulnerabilidade carrega em si a ideia de procurar compreender primeiramente todo um conjunto de elementos que caracterizam as condições de vida e as possibilidades de uma pessoa ou de um grupo — a rede de serviços disponíveis, como escolas e unidades de saúde, os programas de cultura, lazer e de formação profissional, ou seja, as ações do Estado que promovem justiça e cidadania entre eles — e avaliar em que medida essas pessoas têm acesso a tudo isso. Ele representa, portanto, não apenas uma nova forma de expressar um velho problema, mas principalmente uma busca para acabar com velhos preconceitos e permitir a construção de uma nova mentalidade, uma nova maneira de perceber e tratar os grupos sociais e avaliar suas condições de vida, de proteção social e de segurança. É uma busca por mudança no modo de encarar as populações-alvo dos programas sociais".[141] Isso significa que pensar num direito democrático da sexualidade requer "ir além do catálogo de identidades e práticas sexuais", pois "estas não existem como entidades abstratas, sem raça, classe, cor, etnia e assim por diante".[142] Mais ainda, estas não existem fora de um contexto marcado por desigualdades, inequidades, exclusões.

---

141 ADORNO, Rubens de Camargo Ferreira. Capacitação solidária: um olhar sobre os jovens e sua vulnerabilidade social. São Paulo: Associação de Apoio ao Programa Capacitação Solidária, 2001, p. 12.
142 RIOS. Para um direito democrático da sexualidade, p. 83.

O fato de as pessoas não apenas serem vulneráveis, mas terem consciência desta realidade, lhes possibilita assumir a vulnerabilidade como "princípio de autocompreensão".[143] Praticamente, isso implica reconhecer que ninguém se basta a si mesmo; todos precisam de relações que sejam significativas; todos devem dar um sentido à própria existência se quiserem se constituir como sujeitos em referência aos próprios direitos.

É nessa perspectiva que podemos assumir a vitimização que muitas pessoas sofrem na própria pele como uma metáfora existencial da vulnerabilidade humana. Ela significa uma mudança nas várias dimensões da existência humana; além de alterar a percepção sobre si mesmo e sobre a realidade, mexe com as emoções e os sentimentos e acaba pondo em xeque o sentido da própria existência. Por isso, a vitimização tem um "significado antropológico" e em hipótese alguma pode ser reduzida a mera questão pessoal ou evitada pelo fato de as pessoas não terem necessidade de se expor publicamente.

O sofrimento que a vitimização provoca é a manifestação mais visível da vulnerabilidade humana, a ponto de podermos afirmar ser o sofrimento "o rosto concreto e vulnerável do ser humano. [...] A dor é a desnudez e o despojamento existencial. Na intempérie do sofrimento, o ser humano está exposto ao arbítrio das circunstâncias alheias, não é dono de si, tudo pode danificá-lo".[144]

Se a vitimização pode ser pontual, isto é, caracterizar um período da vida da pessoa, o sofrimento que ela provoca tende a se prolongar no tempo, inclusive muito além do período de abuso, violência, exploração, uso etc. É difícil negar o papel positivo que o sofrimento pode representar na vida de uma pessoa no sentido de favorecer o seu amadurecimento, autoconhecimento e

---

143 JUNGES. *Bioética*, p. 85.
144 JUNGES. *Bioética*, p. 87.

experiência de solidariedade, mas não é nesse sentido que o abordo aqui; o sofrimento provocado pela vitimização, muitas vezes, se transforma em marginalização e exclusão, e não em oportunidade de solidariedade e inclusão.

É por isso que afirmar alguns princípios básicos para discernir o que humaniza ou desumaniza a pessoa pressupõe que o ponto de partida da reflexão seja a vulnerabilidade, e não a vitimização dos sujeitos.

4.2.1 Princípios fundamentais para uma vivência democrática da sexualidade

Como vimos no 1º Capítulo, a dignidade humana é uma categoria e um imperativo ético. É ela que fundamenta a exigência ética do respeito à pessoa. Embora todas as pessoas sejam dignas de respeito, há aquelas cuja dignidade está comprometida, desfigurada e até mesmo reduzida em sua expressão e, justamente por isso, precisam ser "cuidadas" com prioridade, porque são mais vulneráveis. Vimos também que o respeito à dignidade humana é absoluto e não há nada, em nenhuma situação, que autorize a violar, aviltar, agredir, diminuir a dignidade humana. No entanto, este respeito só pode ser garantido e, assim, alcançar maior força, se for expresso em normas concretas de ação que favoreçam a humanização das pessoas, especialmente das mais vulneráveis.

Como vimos no 2º Capítulo, a sexualidade e a orientação afetivo-sexual são dimensões constitutivas do humano, componentes fundamentais da personalidade. Não são definições que se atribuem às pessoas, mas a consciência que as pessoas têm sobre si mesmas, que cresce e amadurece com o tempo num determinado contexto sociocultural, num processo de recíproca interação; contexto e processo muitas vezes marcados por ideologias que incitam a práticas discriminatórias, racistas, violentas e persecutórias, que vitimizam sobretudo as pessoas mais vulneráveis. Promover um contexto em que as pessoas sejam respeitadas como são implica empenhar-se para superar a dicotomia entre ser e viver. Portanto, as relações que as pessoas estabelecem e que fazem parte do seu processo de autorrealização também devem ser respeitadas e promovidas. Disso deriva a exigência ética de defesa da subsistência e da integridade físicas do ser humano, direitos fundamentais de toda pessoa humana.

Tendo presentes tais pressupostos, não resulta difícil compreender a importância de assentar o âmbito de proteção do direito de uma vivência democrática da sexualidade em princípios fundamentais que possam reger tal direito. Proporei, aqui, quatro princípios que me parecem fundamentais: *autonomia, liberdade, responsabilidade e igualdade*. Mas, antes de abordá-los, é preciso fazer uma referência à especificidade da perspectiva ética dentro da qual serão considerados. O que entendo por ética é de fundamental importância para compreender, em seguida, o juízo de valor que farei dos direitos sexuais à luz dos princípios fundamentais que serão propostos.

4.2.1.1 Ética como processo de humanização

A ciência ética tem como objeto de estudo o agir humano e, mais especificamente, o "como" devemos agir em determinada situação, isto é, o que seria certo fazer em determinadas circunstâncias. Ela preocupa-se, no dizer de Vincent Genovesi, com a "prática de ações moralmente boas e apropriadas" e, por isso, pode ser compreendida como "a rotina que concretiza nossos esforços para ser cada vez mais verdadeira e plenamente humanos e viver desse modo. [...] é a expressão de nosso desejo de viver como seres humanos perfeitos e autênticos".[145] O fato de desejarmos realizar-nos como gente, de crescermos em humanidade, é que nos diferencia de todos os outros seres. O problema é que, muitas vezes, não sabemos o que nos realiza como pessoas e nos faz ser mais humanos; outras vezes, sabemos o que deveríamos fazer para isso, mas exercemos nossa liberdade de modo inautêntico, levando uma vida que, em vez de nos tornar mais humanos, desumaniza-nos, compromete nossa autêntica realização e o significado mais profundo da nossa existência. Outras vezes, ainda, nem nos damos conta do quanto somos influenciados em nosso comportamento sexual por opções políticas, interesses econômicos, exigências do mercado, concepções fundamentalistas e relativistas, antropologias redutivas na abordagem do humano e, consequentemente, na concepção que temos de realização humana. Justamente por isso, não podemos abrir mão da convicção de que "é o incentivo de nossa humanidade verdadeira ou autêntica que serve de ponto de referência ou critério na tentativa de determinar o que é certo ou errado do ponto de vista da moralidade".[146]

Entre tantos outros aspectos, a natureza humana é também caracterizada pela imperfeição, limitação, fragilidade, vulnerabilidade e é justamente essa condição, à primeira vista negativa, que abre as portas para a superação dessa imperfeição, limitação, fragilidade e vulnerabilidade, a ponto de podermos afirmar que, na nossa própria natureza (ser), encontra-se o apelo/chamado para sermos mais do que somos, para crescermos como gente (dever-ser). Toda vez que optamos por aquilo que corresponde a esse apelo/chamado, estamos vivendo nossa liberdade de modo autêntico. O contrário também é verdadeiro. Tem razão Eduardo López

---

145 GENOVESI, Vincent J. *Em busca do amor*. Moralidade católica e sexualidade humana. São Paulo: Loyola, 2008, p. 20.
146 GENOVESI. *Em busca do amor*, p. 21.

Azpitarte quando afirma que a ética "é a orientação para o exercício da liberdade, a luz que ilumina a senda, para que consigamos o que queremos [...] para construirmos a imagem de pessoa que projetamos para nós".[147] Concordo também com Genovesi, para o qual "o esforço para ser moral é simplesmente a tentativa de ser fiel à nossa natureza autêntica como seres humanos, enquanto a decisão de viver de modo imoral equivale a uma traição de nossa natureza humana autêntica e a uma rejeição das pessoas verdadeiras que somos chamados a ser".[148]

A ética é a ciência que nos orienta no esforço que fazemos para viver moralmente bem, para nos realizarmos como gente, para nos humanizarmos. E, nesse esforço, precisamos, antes de tudo, compreender que necessitamos de alguns critérios para saber o que humaniza ou desumaniza, o que é certo ou errado, o que é bom ou mau. A resposta a essas questões amplia o significado conceitual da ética como ciência, a ponto de podermos, junto com López Azpitarte, defini-la como "a ciência dos valores que orienta e ilumina a conduta, para que o ser humano possa realizar-se como pessoa",[149] ou, ainda, como "a ciência dos valores que dirige e canaliza a nossa realização humana, livre e responsável, para seu destino".[150]

Se considerarmos que as decisões humanas são orientadas por um sentido, um fim, um ideal a ser alcançado — dimensão objetiva — e que a pessoa é responsável pelo exercício coerente da própria liberdade com tal sentido-fim-ideal — dimensão subjetiva —, podemos dizer que a especificidade da reflexão ética consiste em orientar a pessoa para que ela descubra o que deve fazer para

---

147 LÓPEZ AZPITARTE, Eduardo. *Fundamentação da ética cristã*. São Paulo: Paulus, 1995, p. 116.
148 GENOVESI. *Em busca do amor*, p. 21.
149 LÓPEZ AZPITARTE. *Fundamentação da ética cristã*, p. 87.
150 LÓPEZ AZPITARTE. *Fundamentação da ética cristã*, p. 116.

se humanizar, crescer como gente — sentido metaético dado à existência. Em síntese, a especificidade da questão ética não é outra coisa senão o juízo de valor sobre o que humaniza ou desumaniza a pessoa e, portanto, edifica ou corrompe a sociedade.[151] Nesse sentido, a ética não é outra coisa senão um "processo de humanização".[152]

Como compreender a autonomia, a liberdade, a responsabilidade e a igualdade em uma perspectiva de humanização da pessoa?

---

151 Yves de La Taille faz uma distinção entre ética e moral que nos ajuda a compreender a especificidade da questão ética. Segundo ele, para a moral, a pergunta a ser feita é "como devo agir" e, para a ética, "que vida eu quero viver". Enquanto a moral se move no campo do sentido de obrigatoriedade existente em todas as pessoas, a ética define-se pela busca da vida boa, da felicidade. Como nem todos sabem *como* agir, prevalece na sociedade uma moral heterônoma. E como nem todos sabem *para que* vivem – condição para se saber que vida se quer viver –, prevalece na sociedade uma moral sem sentido. Cada um acredita que vive como quer, mas sem saber o porquê. Para La Taille, ética e moral são inseparáveis e complementares: um projeto de vida deve incluir deveres e obrigações, e estes, por sua vez, só têm sentido se implicados num projeto de vida. Ver: LA TAILLE, Yves de. *Moral e ética:* dimensões intelectuais e afetivas. Porto Alegre: Artmed, 2006. Considerar também as entrevistas dadas por ele sobre o assunto: *Contrapontos.* Itajaí, v. 6, n. 2 (2006): 583-592; *Jornal Extra Classe.* Porto Alegre, n. 111 (2007).

152 Falar de humanização num contexto sociocultural que moralmente se caracteriza pela cegueira pode parecer muito estranho e/ou ousado. A cegueira ético-moral atual expressa-se, por exemplo, por meio da perda da sensibilidade diante da dor e do sofrimento do outro, do desejo desenfreado de controlar a privacidade alheia, a ponto de não percebermos que a maldade e a miopia ética se ocultam naquilo que consideramos comum e banal no dia a dia. Num contexto como esse — que se caracteriza pela liquidez de tudo e de todos, inclusive das relações —, falar em humanização pode parecer fora de moda ou implicar nadar em contracorrente. Daí a importância e urgência de uma ética do reconhecimento, da sensibilidade, da atenção e do cuidado. Somente assim se é capaz de entender o que, de fato, humaniza a pessoa. Vale a pena a leitura da obra de BAUMAN, Zygmunt; DONSKIS, Leonidas. *Cegueira Moral. A perda da sensibilidade na modernidade líquida.* Rio de Janeiro: Zahar, 2014.

4.2.1.2 Autonomia, liberdade, responsabilidade, igualdade

Se a ética consiste num processo de humanização, isto é, num processo que ajuda o ser humano a ser mais do que é, a crescer em humanidade, toda proposta ética deve pressupor que a pessoa dê um sentido à própria existência, sentido capaz de orientar suas opções para crescer como gente, para se realizar como pessoa. Renaud tem plena razão quando afirma que "o primeiro *dever* ético consiste [...] em preservar, em mim tal como nos outros, a possibilidade de conferir um sentido à existência".[153] Trata-se de um grande desafio para a própria liberdade, visto que, nesta tarefa, é impossível prescindir das categorias histórico-culturais que muitas vezes não apenas influenciam mas limitam a liberdade. Mais ainda, a pessoa que tem a responsabilidade de dar um sentido à própria existência é caracterizada por ser vulnerável e, por isso mesmo, suscetível de optar por um sentido que a desumanize. A proposta ética tem o papel de orientar a liberdade da pessoa para que possa alcançar a perfeição, isto é, se realizar plenamente como pessoa.

Se a natureza humana clama por "perfeição", por "realização", o ser humano será autenticamente livre toda vez que abraçar aquilo que o realiza como pessoa. "Mais do que fazer o que quer, ceder a uma espontaneidade cega ou a um comportamento anárquico, a liberdade se concretiza pela possibilidade de optar por aquilo que responde às exigências mais profundas da natureza humana".[154] Do contrário, não se está correspondendo, de forma autenticamente livre, às exigências da própria natureza. Se, enquanto humano, tenho o dever ético de conferir um sentido à existência, como se explica o fato de que, para muitas pessoas, esse sentido

---
153 RENAUD. A dignidade do ser humano como fundamentação ética dos direitos do homem, p. 142.
154 ZACHARIAS. Direitos Humanos. Para além da mera retórica ingênua e estéril, p. 134.

seja absurdo, isto é, desprovido de conteúdo, indiferente em relação à qualidade da vida, alienado quanto aos próprios direitos? Aqui reside, ao mesmo tempo, a grandeza e a limitação da ética. "A ética não obriga senão o sujeito que se deixa obrigar. É por isso mesmo que o sujeito ético, apesar da exigência ética que o habita, pode fracassar na procura do sentido ético".[155]

Uma proposta ética também se caracteriza pelo conflito entre real e ideal. Lidando sempre com ideais, a reflexão ética tem de considerar que tais "ideais são propostos a pessoas que vivem em determinados contextos socioculturais que podem favorecer a realização de tais ideais ou até mesmo dificultá-los e impedi-los de serem realizados. Levantam-se, aqui, dois aspectos a serem considerados: o ideal tem uma dimensão objetiva: é ideal em si mesmo; e uma dimensão subjetiva: o ideal deve ser ideal para alguém em uma determinada realidade concreta. Em segundo lugar, diante do objeto — nesse caso, o ideal —, a prioridade é sempre do sujeito, aquele que vive numa determinada realidade concreta. O fato de a pessoa não conseguir abraçar o ideal que lhe é proposto não significa que as suas ações careçam de significatividade ético-moral".[156]

Não podemos negar: o que somos e o que somos chamados a ser — chamado entendido aqui como apelo da própria natureza — são experiências que se reclamam mutuamente. Assim como a liberdade se caracteriza pela capacidade de optar por aquilo que humaniza, a responsabilidade consiste em responder positivamente aos apelos de uma natureza que clama por potencialização e efetivação da dignidade humana em si e nos outros. Nesse sentido, a liberdade é sempre corresponsável. Não está em jogo apenas a

---

155 RENAUD. A dignidade do ser humano como fundamentação ética dos direitos do homem, p. 145.
156 ZACHARIAS. Direitos Humanos. Para além da mera retórica ingênua e estéril, p. 134.

minha realização, mas a realização de todos. No entanto, quem faz tais opções é a pessoa autônoma, capaz de responder aos apelos de humanização da própria natureza com convicção e responsabilidade. Isso implica um esforço tremendo para poder agir o menos possível por pressão externa, isto é, poder agir dando razões às próprias escolhas.

O processo de humanização da pessoa se dá num contexto em que nem sempre são satisfeitas as exigências dos relacionamentos. Por isso, é preciso ter presente o reconhecimento de problemas estruturais de desigualdade, geradores de opressão, marginalização, exclusão e até mesmo violência em relação à parte mais vulnerável. Se é preciso superar as injustiças sociais, não menos importante é a superação de processos de decisão que excluem certas categorias de pessoas pelo simples fato de pertencerem a um determinado gênero ou terem uma determinada orientação afetivo-sexual. Em outras palavras, trata-se de incorporar a igualdade e a imparcialidade como modo de ser e agir.

Autonomia, liberdade, responsabilidade, igualdade são valores da pessoa humana, porém, muitas vezes condicionados por inúmeros fatores sociais, econômicos, culturais, religiosos. Há situações em que abraçar o ideal ético será apenas um pio desejo, e outras em que a vivência de tal ideal será apenas parcialmente alcançada. "Enquanto o ideal se situa na esfera do desejável, o real se situa na esfera do possível. O desejável é que todos se realizem plenamente como pessoas, com tudo o que isso implica — de acordo com um sentido profundo dado à própria existência e no exercício mais autêntico possível da própria liberdade. Mas isso nem sempre é possível. E o fato de não ser possível não significa que passos concretos não estejam sendo dados em direção a uma vida mais humana, mesmo se esses passos forem os primeiros e, consequentemente, não expressarem o sentido último da existência nem o exercício autêntico da liberdade".[157] Nessa perspectiva, além de ideais a serem alcançados, os direitos humanos constituem um caminho possível a ser percorrido por todos em vista de uma maior humanização. E, como expressão de tais direitos, os direitos sexuais.

A promoção da autonomia, da liberdade, da responsabilidade e da igualdade deve ser garantida pela proteção jurídica, "sem fixar-se em identidades ou condutas meramente toleradas ou limitar-se às situações de vulnerabilidade social feminina e suas manifestações sexuais".[158] Enquanto princípios fundamentais que podem reger o direito a uma vivência democrática da sexualidade, autonomia, liberdade, responsabilidade e igualdade são expressão do genuíno respeito à dignidade das pessoas.

Todos têm direito a dar um sentido à própria existência e orientar-se de acordo com tal sentido. Como o sentido se refere à pessoa na sua totalidade e ao modo como ela deseja realizar-se como gente, o reconhecimento da dignidade de cada ser humano implica o reconhecimento de que todos são merecedores de igual respeito na vivência da própria sexualidade. Dessa forma, não há espaço para tratamentos subalternos pelo fato de a pessoa ser mulher, homossexual, transexual, HIV positiva, criança ou adolescente. Os princípios de autonomia, liberdade, responsabilidade e igualdade não permitem que as pessoas sejam reduzidas a objetos de regulação, mas exigem que sejam tratadas como sujeitos de direitos.[159]

---

157 ZACHARIAS. Direitos Humanos. Para além da mera retórica ingênua e estéril, p. 135.
158 RIOS. Para um direito democrático da sexualidade, p. 82.
159 RIOS. Para um direito democrático da sexualidade, p. 83.

4.2.2 Eticidade e liceidade de uma vivência democrática da sexualidade

Um aspecto da reflexão ética precisa, ainda, ser posto em relevo para que possamos compreender o que significa, de fato, a eticidade e a liceidade de uma vivência democrática da sexualidade. Embora a reflexão ética tenha de levar em conta os dados da realidade, ela não pode reduzir-se a uma questão sociológica. Se para o conhecimento sociológico interessam os fatos e os dados estatísticos, isto é, a descrição e a análise do que acontece — juízos de fato —, a ética move-se no mundo dos juízos de valor. Confundir as duas esferas significaria reduzir o critério de eticidade ao princípio quantitativo, ou seja, o que a maioria pensa ou quer seria sinônimo de bom, daquilo que deveria ser.

A questão ética, entretanto, também não pode reduzir-se puramente à ordem jurídica. Embora a ordem jurídica seja uma instância normativa válida e necessária para qualquer sociedade, a questão ética vai muito além da mera liceidade jurídica. O fato de uma prática ser definida como lícita ou ilícita por si só não garante a exigência ética que implica, necessariamente, primazia da consciência moral, escala pessoal de valores, realização do bem comum como expressão de justiça. Confundir as duas instâncias significaria reduzir o critério de eticidade ao princípio da legalidade, isto é, o que é permitido pela lei seria sinônimo de bom, daquilo que poderia/deveria ser feito.

Se a questão ética transcende os dados de fato e a liceidade jurídica, é à luz da sua especificidade, isto é, a de ser um *processo de humanização* que se fundamenta sobre os princípios da autonomia, da liberdade, da responsabilidade e da igualdade, que analisaremos os direitos sexuais propostos no 3º Capítulo.

4.2.2.1 Uma "leitura" ética dos direitos sexuais[160]

A vivência democrática da sexualidade requer, como ponto de partida, que todas as pessoas respeitem os direitos umas das outras. Praticamente, isso significa que a satisfação do desejo sexual e a experiência do prazer não podem depender unicamente da vontade ou da intenção de uma das partes; é necessário que o consentimento entre ambas as partes seja respeitado e que a linguagem das experiências expresse o empenho para realizar os significados positivos da sexualidade — tais como amor, fidelidade, reciprocidade, abertura, respeito etc. — e evitar os negativos — tais como uso, abuso, violência, exploração, infidelidade etc.

A "leitura" que segue dos 16 direitos propostos pela WAS não pretende esgotar todos os aspectos de cada um deles, mas apenas indicar os elementos essenciais para que a vivência da sexualidade seja, ao mesmo tempo, lícita e ética. Como bem afirma Maria Betânia Ávila, "ao não pensar esses direitos como prescrições de modelos sobre sexualidade e reprodução, devemos abordá-los como campos éticos".[161]

Direito n. 1: O direito à igualdade e à não discriminação

Todos têm o direito de usufruir dos direitos sexuais definidos nesta Declaração, sem distinção de qualquer tipo, seja de raça, etnia, cor, sexo, linguagem, religião, opinião política

---

160 Embora no 3º Capítulo tenham sido apresentados os direitos sexuais propostos pela IPPF e pela WAS, considerarei aqui apenas a Declaração da WAS por ser uma proposta mais extensiva e completa em relação à IPPF. No entanto, cuidarei para que nenhum aspecto abordado pela IPPF fique sem ser considerado.
161 ÁVILA, Maria Betânia. Direitos Sexuais e reprodutivos: desafios para as políticas de saúde. *Cadernos de Saúde Pública*, Rio de Janeiro, 19/Sup. 2 (2003): S466.

ou outra qualquer, origem social ou regional, local de residência, características, nascimento, deficiência, idade, nacionalidade, estado civil ou familiar, orientação sexual, identidade e expressão de gênero, estado de saúde, situação econômica, social ou outra qualquer.

Para a ONU, discriminação significa toda distinção, exclusão, restrição, preferência ou tratamento diferenciado que, direta ou indiretamente, "tenha por objeto ou resultado anular ou restringir o reconhecimento, gozo ou exercício em um mesmo plano (em igualdade de condição) de direitos humanos e liberdades fundamentais nos campos político, econômico, social, cultural ou em qualquer outro campo da vida pública".[162] Ela pode ser direta ou indireta. De acordo com Rios, o que qualifica a discriminação é o propósito com que a ação é praticada ou o efeito gerado por ela.[163]

A discriminação direta refere-se a práticas intencionais e conscientes e "ocorre quando qualquer distinção, exclusão, restrição ou preferência, fundadas em qualquer forma de diferenciação proibida (raça, cor, sexo etc.), tem o propósito de anular ou prejudicar o reconhecimento, o gozo ou o exercício em pé de igualdade de direitos humanos e liberdades fundamentais nos campos econômico, social, cultural ou qualquer campo da vida

---

162 ORGANIZAÇÃO DAS NAÇÕES UNIDAS. *Convenção internacional sobre a eliminação de todas as formas de discriminação racial* (Resolução n.º 2.106-A, de 21 de dezembro de 1965), Art. 1º, §1. Disponível em: https://www2.camara.leg.br/atividade-legislativa/comissoes/comissoes-permanentes/cdhm/comite-brasileiro-de-direitos-humanos-e-politica-externa/ConvIntElimTodForDiscRac.html. Acesso em: 30 jan. 2021.

163 RIOS, Roger Raupp. *Direito da antidiscriminação*: discriminação direta, indireta e ações afirmativas. Porto Alegre: Livraria do Advogado Editora, 2008, p. 22.

pública".[164] Porque engravidam, as mulheres podem ter menos oportunidades de empregabilidade ou não contar com condições favoráveis de trabalho enquanto geram seus filhos. Trata-se de discriminação direta. A discriminação indireta, por sua vez, refere-se a práticas que se reproduzem ou se reforçam ao longo do tempo por meio de medidas aparentemente neutras, mas efetivamente discriminatórias, reforçadoras de situações de vantagem ou desvantagem existentes na sociedade: "A discriminação indireta tem lugar onde uma lei, decisões ou práticas, aparentemente neutras, têm um impacto desigual sobre um grupo específico, causando ou reforçando a discriminação da parte afetada. Mesmo que formalmente exista um tratamento equitativo e a proibição de discriminação direta, alguns grupos populacionais podem ficar à margem de outros, tendo em vista a relação de desvantagem em que vivem. Para sua configuração, é prescindível a existência da intencionalidade, ao menos em sua forma explícita".[165] Exemplo:

---

164 BRAGATO, Fernanda Frizzo; ADAMATTI, Bianka. Igualdade, não discriminação e direitos humanos. São legítimos os tratamentos diferenciados? *Revista de Informação Legislativa*, 51/204 (2014): 96.

165 BRAGATO; ADAMATTI. Igualdade, não discriminação e direitos humanos, p. 97-98. Valem aqui duas considerações: 1. Embora todos sejam iguais perante a lei e, portanto, devam ser tratados da mesma forma, o fato de a realidade social, política, histórica, cultural e econômica não ser a mesma para todos fundamenta a proibição da discriminação indireta, pois, se, por um lado, a lei deve tratar a todos de forma igual, por outro, a lei nem sempre considera que tratando a todos da mesma maneira pode "reforçar situações condenáveis, mesmo que não intencionais, de desigualdade e de preconceito que resultam na privação de direitos a indivíduos e grupos que não fazem parte da parcela dominante da sociedade" (BRAGATO; ADAMATTI. Igualdade, não discriminação e direitos humanos, p. 98); 2. É importante considerar que a posição não privilegiada de certos grupos pode ser produto ou efeito de ações discriminatórias. Segundo Rios, a teoria do estigma e a teoria da desvantagem explicam tais ações: "De acordo com a primeira, a desvantagem decorre da deterioração da situação de indivíduos e grupos advinda da imposição de estigmas resultantes tanto da ação pública quanto da privada. O estigma constitui um dano, pois fere o princípio da igualdade ao induzir mau tratamento de grupos que são tradicionalmente

exigir certidão de nascimento para empregar pessoas transexuais, embora seja uma exigência puramente administrativa, pode configurar uma situação discriminatória para elas.

Não é possível ignorar que as discriminações relacionadas à sexualidade frequentemente têm suas raízes fincadas em normas e atitudes sociais e culturais sobre sexualidade, em comportamentos sociais estereotipados como masculinos ou femininos e em expressões de gênero, e produzem, não raras vezes, estigmas com os quais é muito difícil lidar. Basta considerar, por exemplo, as pessoas que têm relações sexuais fora do casamento e as pessoas que não se conformam aos tradicionais papéis de gênero. Tais pessoas podem ser discriminadas, excluídas e até mesmo tratadas com violência quando procuram os serviços ligados à saúde sexual.

Considerando que a discriminação, em geral, não está ligada a apenas uma característica da pessoa, mas a várias — como, por exemplo, mulheres que são negras, pobres e lésbicas ou homens que são presidiários vivendo com HIV —, as formas de exclusão social podem ser múltiplas, o que dificulta ainda mais o acesso a serviços e recursos de saúde e/ou a um tratamento digno e respeitoso.

O problema da discriminação torna-se ainda mais preocupante quando o Estado ou pessoas que gozam de poder político determinam quem pode ser beneficiado ou criminalizado por práticas consideradas por eles como não socialmente aceitas ou condizentes com suas convicções, inclusive religiosas.

Se tratar a todos da mesma forma é importante — tendo presentes as ressalvas feitas por Fernanda Frizzo Bragato e Bianka Adamatti, apresentadas na última nota de rodapé —, tal tratamento não garante, por si só, a igualdade e a não discriminação.

---

percebidos como inferiores ou não participantes da sociedade. Já em relação à teoria da desvantagem, parte-se do pressuposto de que os grupos discriminados estão expostos à situação de privação socioeconômica e uma participação débil no acesso aos bens sociais" (RIOS. *Direito da antidiscriminação*, p. 28).

Medidas apropriadas devem ser tomadas para que toda forma de discriminação e todo preconceito sejam combatidos e eliminados; todas as condições que perpetuam a discriminação e o preconceito sejam atenuadas ou suprimidas. Isso, concretamente, implica respeitar e responder às diferentes necessidades que as pessoas têm — seja qual for a sua identidade sexual —, e favorecer que sejam protagonistas dos processos decisórios que se referem a elas ou às condições nas quais vivem.[166]

Direito n. 2: O direito à vida, liberdade e segurança pessoal

Todos têm direito à vida, liberdade e segurança, que não podem ser ameaçadas, limitadas ou removidas arbitrariamente por motivos relativos à sexualidade. Esses incluem: orientação sexual, comportamentos e práticas sexuais consensuais, identidade e expressões de gênero, bem como acessar ou ofertar serviços referentes à saúde sexual e reprodutiva.

O direito à vida, à liberdade e à segurança são direitos inalienáveis de todo ser humano. De acordo com Cármen Lúcia Antunes Rocha, "o direito à vida é a substância em torno da qual todos os direitos se conjugam, se desdobram, se somam para que o sistema fique mais e mais próximo da ideia concretizável de justiça social. [...] Por isso se declara, no direito dos direitos, que todo homem tem direito à vida. Mas não a qualquer existência, não a

---

[166] Ver: KISMÖDI; CORONA; MATICKA-TYNDALE; RUBIO-AURIOLES; COLEMAN. Sexual Rights as Human Rights, p. 11-13; IPPF, p. 16. Ver também: WORLD HEALTH ORGANIZATION. *Sexual Health, Human Rights and the Law.* Geneva: WHO, 2015, p. 14-31. Disponível em: https://apps.who.int/iris/bitstream/handle/10665/175556/9789241564984_eng.pd;jsessionid=0D2B3E-20FA8B95AAD34183F5242A464A?sequence=1. Acesso em: 30 jan. 2021.

mera sobrevivência, definitivamente não a qualquer sobre-existência. [...] A vida com justiça é que é o objeto do direito. E a vida é justa quando garantida a dignidade da experiência humana".[167]

Da vida, como direito inalienável do ser humano, derivam outros dois direitos inalienáveis: o direito à liberdade e o direito à segurança. Liberdade não para fazer o que se quer, mas para realizar-se como pessoa, ser dignamente feliz e construir um viver mais justo com o outro. Segurança não apenas no sentido de proteção externa, mas de poder ser o que se é na certeza de poder contar com a solidariedade de todos, isto é, de florescer como pessoa numa experiência plural, em que o respeito à diversidade e à pluralidade é possível porque o respeito à individualidade é assegurado. Se a humanidade faz com que todos os seres humanos sejam iguais, é a individualidade de cada um que desiguala a todos. O direito à vida contempla essas duas dimensões do humano, unidade e pluralidade.

Ainda de acordo com Rocha, o "direito à vida não é retórica ou sugestão, senão que contingência do que se dá a ser para que convivam dignamente todas as pessoas. Esse direito está na base e na essência de todos os direitos, pois o próprio sistema de normas jurídicas mais não é que uma criação do homem para tornar facilitada, aperfeiçoada, fraternizada a convivência em praça pública. O direito é isto e só isto: um instrumento político criado pelo homem para assegurar-se uma vida digna e melhor com todos. Não fossem as indignidades que se têm nos limites humanos naturais e naqueles que se põem pelo passo entrecruzado

---

167 ROCHA, Cármen Lúcia Antunes. Comentário ao Artigo 3º. In: ORDEM DOS ADVOGADOS DO BRASIL: COMISSÃO NACIONAL DE DIREITOS HUMANOS. *50 Anos da Declaração Universal dos Direitos Humanos 1948-1998*. Conquistas e Desafios. Brasília: OAB, 1998, p. 47-51. Disponível em: https://stf.jusbrasil.com.br/noticias/361427/dudh-ministra-carmen-lucia-fala-do-direito-a-vida-a-liberdade-e-a-seguranca-pessoal. Acesso em: 30 jan. 2021.

no caminho, desnecessários seriam os traçados normativos para limitar andanças que machucam e coartam o mais breve atalho para o bem viver. O sistema de direito é, assim, tão somente um desdobramento do direito à vida; uma construção que se elabora para que o homem se projete no momento breve de uma existência e realize a sua vocação para a eternidade".[168] Se unidade e pluralidade são duas dimensões do humano, a unidade na pluralidade é uma conquista feita pelo ser humano. Em outras palavras, o direito à vida e, consequentemente, à liberdade e à segurança é uma construção permanente, feita de reciprocidade entre o ser-em-si e o ser-com-os-outros, de integração entre individualidade e socialidade.

O direito à vida, liberdade e segurança implica que ninguém pode ser arbitrariamente impedido de viver, sujeito à morte ou à punição corporal — sejam elas judiciais ou extrajudiciais —; ninguém pode ser privado de liberdade por meio de prisão ou detenção arbitrária devido à própria história, comportamento e interesse sexual ou à própria identidade e expressão de gênero; ninguém pode correr riscos ou sofrer violência pela não conformidade aos estereótipos socioculturais; ninguém pode ser perseguido ou silenciado por defender os direitos sexuais.[169]

Justamente pelo fato de a vida, a liberdade e a segurança pessoal serem vulneráveis e poderem ser feridas é que o direito deve debruçar-se sobre elas e protegê-las. Segundo Rocha, é pelo fato de a indignidade tocar o corpo e atingir a alma que a humanidade precisa da institucionalização do direito.[170] A vida, a liberdade e a segurança não podem ser colocadas em risco pela falta ou negação de tratamento médico nem por intervenções médicas forçadas.

---

168 ROCHA. Comentário ao Artigo 3º.
169 KISMÖDI; CORONA; MATICKA-TYNDALE; RUBIO-AURIOLES; COLEMAN. Sexual Rights as Human Rights, p. 13.
170 ROCHA. Comentário ao Artigo 3º.

Negar tratamento a pessoas transgênero ou vivendo com HIV e forçar a esterilização de pessoas pobres ou deficientes são atitudes que ilustram bem tais riscos.

A violação do direito à vida, liberdade e segurança por causa da própria sexualidade e orientação afetivo-sexual ou de comportamentos e expressões de gênero provoca um profundo impacto na saúde e no bem-estar das pessoas. Práticas como o estupro sistemático em regiões de conflitos armados têm resultado em morte, trauma, gravidez e contaminação com infecções sexualmente transmissíveis de milhares de meninas, jovens e mulheres; o fluxo migratório tem aumentado o número de pessoas traficadas para fins de exploração sexual; o fundamentalismo religioso tem servido como pretexto para arbitrárias e discriminatórias sanções e condenações de pessoas por causa do sexo, da orientação afetivo-sexual, da expressão de gênero; motivações ideológicas têm privado pessoas do acesso à saúde sexual e reprodutiva. Esses são apenas alguns exemplos de como o direito à vida, liberdade e segurança é continuamente ameaçado.[171]

Direito n. 3: O direito à autonomia e integridade corporal

Todos têm o direito de controlar e decidir livremente questões relativas à sua sexualidade e seu corpo. Isso inclui a escolha de comportamentos sexuais, práticas, parceiros e relacionamentos, desde que respeitados os direitos do próximo. A tomada de decisões livre e informada requer consentimento livre e informado antes de quaisquer testes, intervenções, terapias, cirurgias ou pesquisas de natureza sexual.

---

171 Ver: IPPF, p. 17-18.

Respeitar a autonomia de uma pessoa significa reconhecer que ela é capaz de ser responsavelmente autônoma, isto é, de agir por convicção pessoal e assumir as consequências de tal convicção. Isso requer capacidade de liberar-se o mais possível das variadas pressões externas e dar razões pessoais às escolhas que são feitas. No entanto, a capacidade de passar da heteronomia à autonomia é resultado de um processo gradativo de crescimento, amadurecimento, interiorização de valores e formação da consciência.

As decisões relativas à sexualidade e ao corpo também devem ser resultado da autonomia responsável da pessoa — tendo presente o conceito de liberdade trabalhado no item anterior. Tais decisões referem-se às escolhas em relação aos parceiros sexuais, às expressões sexuais e de gênero, às relações de intimidade, às experiências de prazer sexual, aos meios de proteção contra a violência ou a coerção sexual. Tais decisões devem ser respeitadas, desde que não atentem contra a própria humanidade e os próprios direitos e contra a humanidade e os direitos dos outros.

Ser livre para comportar-se de forma autônoma em relação à própria sexualidade e ao próprio corpo implica o que Roger Burggraeve chama de "condições mínimas" para iniciar e sustentar relacionamentos de intimidade sexual: igualdade entre os parceiros e qualidade da relação. Segundo Burggraeve, assim como para se iniciar um relacionamento se requer liberdade interna e externa dos parceiros envolvidos, também a decisão de intimidade sexual deveria ser sempre precedida de afeição mútua e de atenta consideração ao outro. Uma vez tomada a decisão, deveria preservar-se a liberdade de consentir em continuar ou terminar o relacionamento, e os parceiros deveriam investir na qualidade da presença, a fim de fazer da intimidade uma expressão de autenticidade, responsabilidade e compromisso.[172]

---

172 BURGGRAEVE, Roger. De uma sexualidade responsável a uma sexualidade significativa: uma ética de crescimento como ética de misericórdia pelos jovens

O comportamento autônomo e responsável em relação à sexualidade e ao corpo requer, ainda, duas condições fundamentais: que todas as decisões sejam expressão de um consentimento suficientemente informado, e que os direitos sexuais sejam igualmente assegurados a todos.

Capacitar as pessoas para que sejam responsavelmente autônomas implica provê-las de todas as informações necessárias quanto aos prováveis benefícios e aos potenciais danos que certas decisões, práticas e procedimentos podem suscitar. O consentimento nunca será expressão de uma autonomia devidamente responsável se todas as informações não forem claras, precisas, completas e transmitidas de modo que sejam inteligíveis para todas as pessoas envolvidas.

O direito à autonomia e à integridade corporal requer também que todas as pessoas, independentemente de gênero e orientação afetivo-sexual, contem com as condições sociais, políticas e econômicas necessárias para que seus direitos sexuais e o exercício da sua liberdade sejam igualmente garantidos. Leis, políticas e programas relacionados à saúde sexual deveriam primar pelo combate à discriminação, à violência, ao "*bullying*", à coerção e até mesmo à criminalização de práticas que não constituam um atentado contra a vida e os direitos das pessoas, tais como o sexo antes ou fora do casamento e as relações homossexuais.

Se, por um lado, é fácil reconhecer a importância de assegurar às pessoas o direito de optar pelas várias formas de anticoncepção, por cirurgias estéticas e intervenções médicas, por este ou aquele tratamento de disfunções sexuais, por outro, é muito complicado reconhecer que todas as pessoas tenham capacidade de fazer tais opções. Basta considerar, por exemplo, adolescentes que desejam intervir cirurgicamente no próprio corpo. Considerando que a

---

nesta era de AIDS. In: KEENAN, James F. (Org.). *Eticistas católicos e prevenção da AIDS*. São Paulo: Loyola, 2006, p. 320-321.

adolescência é uma fase transicional, tanto física quanto cognitivamente, é preciso avaliar não apenas o grau de maturidade e de entendimento, como também a real capacidade para uma decisão suficientemente esclarecida, tanto dos efeitos imediatos quanto daqueles em longo prazo.

Cabe aqui uma palavra sobre crianças intersexuais, pessoas com deficiência mental e pessoas idosas. O direito à autonomia e à integridade corporal impede que cirurgias genitais não medicamente necessárias sejam feitas em crianças. Tais intervenções deveriam ser adiadas até que a pessoa seja capaz de dar o próprio consentimento suficientemente informado — desde que não haja uma necessidade médica. Pessoas com deficiência, especialmente deficiência mental, deveriam ter os mesmos direitos assegurados às demais pessoas, visto que elas também sentem desejo, aspiram a relações de intimidade e sonham em construir uma vida com alguém. Devido à própria deficiência, deveriam ser ajudadas a compreender que as experiências de intimidade sexual e relações afetivas podem ferir e comprometer sua vida, assim como também podem realizá-las se assumidas com responsabilidade. Mais do que proibidas, deveriam ser assistidas e acompanhadas nessas experiências.[173] Pessoas idosas passam por transformações físicas, psicológicas e sociais que impactam o modo como vivem a própria sexualidade. A autonomia sexual de tais pessoas — incluindo sua orientação sexual e sua expressão de gênero — deveria ser respeitada e protegida. Assegurar a elas informação adequada, espaço

---

173 Seria interessante ter presente o tema da esterilização involuntária de pessoas com deficiência mental, prática que vai na contramão da legislação internacional sobre o assunto. WORLD HEALTH ORGANIZATION. *Eliminating Forced, Coercive and Otherwise Involuntary Sterilization: an Interagency Statement*. Geneva: WHO, 2014. Disponível em: https://apps.who.int/iris/bitstream/handle/10665/67923/WHO_FCH_CAH_02.14.pdf?sequence=1. Acesso em: 30 jan. 2021.

privado e cuidado profissional é uma forma concreta de respeitar e proteger sua autonomia.[174]

> Direito n. 4: O direito de estar isento de tortura, tratamento ou punição cruel, desumana ou degradante
>
> *Todos devem estar isentos de tortura, tratamento ou punição cruel, desumana ou degradante em razão de sua sexualidade, incluindo: práticas tradicionais nocivas; esterilização, contracepção ou aborto forçado; outras formas de tortura, tratamentos cruéis, desumanos ou degradantes praticados por razões referentes ao sexo, gênero, orientação sexual, identidade e expressão de gênero ou característica física de alguém.*

De acordo com a Resolução 39/46, da Assembleia das Nações Unidas — aprovada pelos Estados-Membros presentes na Convenção Contra a Tortura e Outros Tratamentos ou Penas Cruéis, Desumanos ou Degradantes, em 1984 —, tortura é definida como "qualquer ato pelo qual dores ou sofrimentos agudos,

---

[174] KISMÖDI; CORONA; MATICKA-TYNDALE; RUBIO-AURIOLES; COLEMAN. Sexual Rights as Human Rights, p. 14-16. Ver também: IPPF, p. 18-19; WORLD HEALTH ORGANIZATION. *Sexual Health, Human Rights and the Law.* Geneva: WHO, 2015; WORLD HEALTH ORGANIZATION. *World Report on Disability.* Geneva: WHO, 2011. Disponível em: https://www.who.int/disabilities/world_report/2011/report.pdf. Acesso em: 30 jan. 2021; WORLD HEALTH ORGANIZATION. *World Report on Ageing and Health.* Geneva: WHO, 2015. Disponível em: https://apps.who.int/iris/bitstream/handle/10665/186463/9789240694811_eng.pdf?sequence=1. Acesso em: 30 jan. 2021; WORLD HEALTH ORGANIZATION. *Adolescent Friendly Health Services: an Agenda for Change.* Geneva: WHO, 2011. Disponível em: https://apps.who.int/iris/bitstream/handle/10665/67923/WHO_FCH_CAH_02.14.pdf?sequence=1. Acesso em: 30 jan. 2021.

físicos ou mentais, são infligidos intencionalmente a uma pessoa a fim de obter, dela ou de terceira pessoa, informações ou confissões; de castigá-la por ato que ela ou terceira pessoa tenha cometido ou seja suspeita de ter cometido; de intimidar ou coagir esta pessoa ou outras pessoas; ou por qualquer motivo baseado em discriminação de qualquer natureza; quando tais dores ou sofrimentos são infligidos por um funcionário público ou outra pessoa no exercício de funções públicas, ou por sua instigação, ou com o seu consentimento ou aquiescência".[175]

A tortura e os demais tratamentos cruéis, desumanos ou degradantes praticados por razões relacionadas ao sexo, gênero, orientação sexual, identidade e expressão de gênero ou característica física de alguém não apenas reforçam outras formas de desigualdade e hierarquias de poder, como também fazem parte delas. Constituem uma grave violação dos direitos humanos. Em geral, tais tratamentos são conscientemente aplicados por causa da orientação sexual da pessoa, da sua expressão de gênero e da atividade "profissional" exercida por ela. Na realidade, tais tratamentos não deixam de ser uma forma de controle e punição da sexualidade das pessoas quando a vivência/aparência sexual é considerada um "desvio da normalidade". As maiores vítimas são as pessoas homossexuais, transgênero, intersexuais e aquelas que "escapam" da aparência binária (homem ou mulher).

Embora toda forma de tortura e de tratamento cruel, desumano ou degradante seja deplorável, a ponto de medidas de caráter legislativo, administrativo, judicial ou de outra natureza serem tomadas para impedi-la ou puni-la, a prática de tais tratamentos,

---

[175] UNITED NATIONS. HUMAN RIGHTS. *Convention Against Torture and Other Cruel, Inhuman or Degrading Treatment or Punishment* (10.12.1984), Article 1, n. 1. Disponível em: https://www.ohchr.org/en/professionalinterest/pages/cat.aspx. Acesso em: 30 jan. 2021.

em geral, é realizada à margem da lei. Tais práticas desrespeitam gravemente a dignidade humana, constituem um atentado contra o direito à liberdade e à segurança; visam envergonhar a pessoa, comprometer sua reputação, ferir sua autoestima; provocam consequências físicas, psicológicas e sociais extremamente danosas para a pessoa.

Além de promover o terror e o medo, favorecer a subordinação involuntária, humilhar a pessoa na sua fragilidade e vulnerabilidade, favorecer a exclusão social, estigmatizar a pessoa, tais práticas banalizam o mal de tal forma que o tornam invisível e, portanto, difícil de ser identificado; ou o agigantam de tal forma que expressam certa conivência contra a qual ninguém se atreve a lutar.[176]

Se a existência de leis proibitivas e punitivas de tais práticas é necessária, mais necessária ainda é a prevenção de toda forma de violência contra quem quer que seja por meio da educação ao respeito à diversidade e à pluralidade.[177]

Direito n. 5: O direito de estar isento de todas as formas de violência ou coerção

Todos deverão estar isentos de violência e coerção relativas à sexualidade, incluindo: estupro, abuso ou perseguição sexual, "bullying", exploração sexual e escravidão, tráfico com o propósito de exploração sexual, teste de virgindade ou

---

[176] Ver o interessante artigo de: ROSOSTOLATO, Breno. Sexualidade e violência: as facetas da banalidade do mal. In: CANOSA, Ana Cristina; ZACHARIAS, Ronaldo; KOEHLER, Sonia Maria Ferreira (Orgs.). *Sexualidades e violências*. Um olhar sobre a banalização da violência no campo da sexualidade. São Paulo: Ideias & Letras, 2019, p. 29-49.

[177] KISMÖDI; CORONA; MATICKA-TYNDALE; RUBIO-AURIOLES; COLEMAN. Sexual Rights as Human Rights, p. 16-17.

violência cometida devido à prática sexual real ou presumida, orientação sexual, identidade e expressão de gênero ou qualquer característica física.

De acordo com Eszter Kismödi, Esther Corona, Eleanor Maticka-Tyndale, Eusebio Rubio-Aurioles e Eli Coleman, a violência sexual — ou a violência relacionada à sexualidade —, pode ter muitas formas e incluir: estupro, abuso sexual, assédio sexual, tráfico de pessoas para fins de exploração sexual, mutilação genital feminina, crime de honra, violência contra pessoas por causa da sua aparência, orientação sexual, falta de virgindade e sexo extraconjugal, contravenções e crimes pela internet, *cyberbullying* e *cyberstalking*, intimidação, difamação, vingança, esterilização forçada, cirurgia "normalizadora" em crianças intersexuais, invasivos exames anais e vaginais, terapias reparadoras ou curativas de pessoas homossexuais, tratamento degradante conferido a profissionais do sexo, a pessoas transgênero e homossexuais quando presos ou detidos.[178]

Tais formas de violência constituem uma violação do direito que cada um tem de ser livre de toda forma de violência e coerção e um atentado contra os direitos humanos, especialmente o direito à vida, o direito a não ser torturado ou submetido a práticas desumanas e degradantes, o direito à integridade corporal, o direito à autodeterminação e o direito a alcançar o mais elevado nível de vida saudável.

Não se pode subestimar o alto índice de violência intrafamiliar presente nos mais variados contextos. As pessoas acreditam que, uma vez juntas, um cheque em branco foi passado a elas para

---

[178] KISMÖDI; CORONA; MATICKA-TYNDALE; RUBIO-AURIOLES; COLEMAN. Sexual Rights as Human Rights, p. 18.

que pratiquem tudo o que desejam, mesmo sem o devido consentimento de uma das partes. Não entendem que, se não há consentimento, ocorre estupro. Além da violência física, a violência psicológica imposta pelo agressor gera uma série de sentimentos contraditórios, tais como medo, vergonha, crença de que haverá mudança, o que dificulta a pessoa a sair dessa situação. Quando a isso se somam a incerteza da punição, a preocupação com a criação dos filhos, a dependência financeira e o desconhecimento dos próprios direitos, parece não haver nenhuma outra saída a não ser suportar a agressão e silenciá-la para o bem dos envolvidos.

A violência e a coerção relacionadas à sexualidade provocam grande e profundo impacto físico e psicológico, capaz de destruir a vida de uma pessoa. Progressivamente, elas impedem que a pessoa exerça seus direitos fundamentais, procure os serviços de saúde adequados, tenha acesso à educação e ao emprego, favorecendo, desse modo, a exclusão social e, consequentemente, a convivência com situações degradantes e desumanizadoras.[179] Por isso, o Estado deveria assegurar às pessoas vítimas da violência sexual acesso ininterrupto, efetivo e gratuito aos serviços de saúde, às práticas terapêuticas, à assessoria jurídica, às estratégias preventivas de todo tipo de violência.

---

179 No Brasil, existe a Lei Maria da Penha (Lei 11.340/06, de 7 de agosto de 2006), que se aplica a diversas formas de violência doméstica, incluindo a sexual, descrita no artigo 7º, inciso III, como "qualquer conduta que a constranja a presenciar, a manter ou a participar de relação sexual não desejada, mediante intimidação, ameaça, coação ou uso da força; que a induza a comercializar ou a utilizar, de qualquer modo, a sua sexualidade, que a impeça de usar qualquer método contraceptivo ou que a force ao matrimônio, à gravidez, ao aborto ou à prostituição, mediante coação, chantagem, suborno ou manipulação; ou que limite ou anule o exercício de seus direitos sexuais e reprodutivos". Disponível em: https://www.planalto.gov.br/ccivil_03/_Ato2004-2006/2006/Lei/L11340.htm. Acesso em: 30 jan. 2021. Apesar da existência da lei, o Atlas da Violência anual, publicado pelo Instituto de Pesquisa Econômica Aplicada (Ipea), e os relatórios do Fórum Brasileiro de Segurança Pública atestam o crescimento vertiginoso da violência doméstica. Ver: http://www.ipea.gov.br/portal/; http://www.forumseguranca.org.br/.

Direito n. 6: O direito à privacidade

Todos têm direito à privacidade referente à sexualidade, vida sexual e escolhas inerentes ao seu próprio corpo, relações e práticas sexuais consensuais, sem interferência ou intrusão arbitrária. Isso inclui o direito de controlar a divulgação de informação relativa à sua sexualidade pessoal a outrem.

Aplicados à sexualidade, os princípios de autonomia, liberdade, responsabilidade e igualdade implicam admitir que as pessoas não deveriam ser sujeitas à arbitrária interferência ou coerção em decisões que se referem à própria sexualidade, comportamento sexual e intimidade. Isso significa que a repressão nessa esfera deveria ser substituída por um processo educativo que capacite as pessoas a tomarem decisões suficientemente informadas, livres e responsáveis. Se, por um lado, o processo educativo é algo que se prolonga no tempo e, portanto, produz seu efeito transformativo em longo prazo, por outro, não se pode desconsiderar que medidas legais também são educativas e podem ser eficazes em curto prazo, no sentido de garantir que a privacidade das pessoas não seja violada e que a educação em sexualidade seja garantida. Medidas legais podem garantir, ainda, que as pessoas não sejam discriminadas ou criminalizadas por causa do modo como vivem a sua sexualidade. Basta considerar, por exemplo, que ainda persiste em vários países a prática de criminalizar a relação entre pessoas do mesmo sexo, o que significa tratamento desigual a pessoas que não escolheram a própria orientação sexual.[180]

---

[180] De acordo com o principal relatório sobre o tema, relações consensuais entre pessoas do mesmo sexo são consideradas um crime em 70 países. Ver: INTERNATIONAL LESBIAN, GAY, BISEXUAL, TRANS AND INTERSEX

O direito à privacidade implica, também, o direito à confidencialidade, sobretudo no que se refere aos procedimentos de triagem e aos prontuários e arquivos médicos. A confidencialidade é uma propriedade da informação que pretende garantir o acesso unicamente às pessoas autorizadas. Trata-se de uma questão de fidelidade e de integridade ético-moral que fundamenta a relação entre as pessoas, sobretudo a relação entre médico-paciente, parte, inclusive, do juramento hipocrático. Embora não constitua um direito absoluto, se a confidencialidade não for respeitada e assegurada legalmente, pode constituir uma ameaça inclusive à sociedade como um todo. Se considerarmos que, hoje em dia, tanto o sigilo médico quanto o segredo profissional encontram-se ameaçados pela disponibilidade de novas ferramentas tecnológicas que constituem um risco a mais para a conservação e o controle adequado dos dados pessoais e privados, a questão da confidencialidade é bastante preocupante.

O respeito às informações referentes à história e saúde sexual e às escolhas e comportamentos sexuais das pessoas expressa proteção à privacidade e evita que sejam discriminadas, estigmatizadas e até mesmo criminalizadas. Pessoas vivendo com HIV, pessoas homossexuais ou transgênero, mulheres vítimas de violência sexual encontram-se em maior situação de vulnerabilidade do que outras e, por isso, precisam também de proteção legal em relação à confidencialidade e privacidade das informações. No caso de seus direitos não serem ainda garantidos por lei — como acontece com muitas pessoas transexuais —, políticas internas deveriam assegurar tanto o respeito e a proteção à confidencialidade e privacidade quanto a discrição e a humanidade no atendimento.[181]

ASSOCIATION: LUCAS RAMÓN MENDOS. *State-Sponsored Homophobia 2019*. 13th ed. Geneva: ILGA, 2019. Disponível em: https://ilga.org/downloads/ILGA_State_Sponsored_Homophobia_2019_light.pdf. Acesso em: 30 jan. 2021.
181 KISMÖDI; CORONA; MATICKA-TYNDALE; RUBIO-AURIOLES; COLEMAN. Sexual Rights as Human Rights, p. 19-20. Ver também: TALBOT,

Quando as pessoas, por questões sexuais, deixam de procurar os serviços médicos por receio de serem segregadas, discriminadas, desrespeitadas e ameaçadas, acabam pondo em risco a própria saúde, a capacidade para tomar decisões mais acertadas e o exercício dos próprios direitos.

Não menos preocupantes no campo da confidencialidade e privacidade são as relações familiares, quando, por razões pretensamente culturais, morais e religiosas, obrigam as pessoas a privar-se de obter informações sobre sexualidade, a violar a própria intimidade, a comprometer a própria honra, a humilhar-se em sua dignidade e a desmerecer os próprios direitos. Se não houver razões suficientemente fortes — como a defesa da vida e dos direitos humanos — que justifiquem a interferência na vida do outro, essa interferência deve ser respeitosa da dignidade e do nome das pessoas envolvidas, atendo-se ao estritamente necessário para evitar o dano que possam vir a sofrer.[182]

Direito n. 7: O direito ao mais alto padrão de saúde atingível, inclusive de saúde sexual, com a possibilidade de experiências sexuais prazerosas, satisfatórias e seguras

Todos têm direito ao mais alto padrão de saúde e bem-estar possíveis, relacionados com a sexualidade, incluindo a possibilidade de experiências sexuais prazerosas, satisfatórias e

---

Susie. Advancing Human Rights in Patient Care Through Strategic Litigation: Challenging Medical Confidentiality Issues in Countries in Transition. *Health and Human Rights* 15/2 (2013): 69-79. Disponível em: https://www.hhrjournal.org/2013/12/advancing-human-rights-in-patient-care-through-strategic-litigation-challenging-medical-confidentiality-issues-in-countries-in-transition/. Acesso em: 30 jan. 2021.

182 Ver: IPPF, p. 18.

seguras. Isso requer a disponibilidade, acessibilidade e aceitação de serviços de saúde qualificados, bem como o acesso a condições que influenciem e determinem a saúde, incluindo a saúde sexual.

Embora o termo saúde sexual tenha precedido em mais de uma década a expressão saúde reprodutiva, foi apenas em 2002 que a Organização Mundial da Saúde (OMS) — a partir do trabalho de um grupo técnico e consulta com especialistas — adotou uma série de definições operacionais quanto a sexo, sexualidade, saúde sexual e direitos sexuais.[183] Sem a pretensão de representar uma posição oficial da OMS, tais definições são apresentadas como uma contribuição para os debates em curso. Para a OMS, "saúde sexual é um estado de bem-estar físico, emocional, mental e social em relação à sexualidade; não é meramente a ausência de doenças, disfunções ou debilidades. A saúde sexual requer uma abordagem positiva e respeitosa da sexualidade e das relações sexuais, tanto quanto a possibilidade de ter experiências prazerosas e sexo seguro, livre de coerção, discriminação e violência. Para que a saúde sexual seja alcançada e mantida, os direitos sexuais de todas as pessoas devem ser respeitados, protegidos e satisfeitos".[184] Um dos direitos sexuais é o direito à saúde sexual. Não se trata de uma questão de mérito ou

---

[183] Ver a síntese histórica do uso dos termos apresentada por: CORRÊA, Sonia; ALVES, José Eustáquio Diniz; JANNUZZI, Paulo de Martino. Direitos e saúde sexual e reprodutiva: marco teórico-conceitual e sistema de indicadores. In: CAVENAGHI, Suzana (Org.). *Indicadores municipais de saúde sexual e reprodutiva*. Rio de Janeiro: ABEP, Brasília: UNFPA, 2006, p. 27-62.

[184] WORLD HEALTH ORGANIZATION. Defining Sexual Health: Report of a Technical Consultation on Sexual Health, 28-31 January 2002, Geneva. Geneva: WHO, 2006, p. 5. Disponível em: https://www.who.int/reproductivehealth/publications/sexual_health/defining_sexual_health.pdf. Acesso em: 30 jan. 2021.

concessão feita a algumas pessoas. Trata-se de um direito de todos, que se expressa em várias atitudes em relação à sexualidade.[185]

É muito difícil assegurar o direito à saúde sexual quando as pessoas são discriminadas, coagidas, violentadas ou submetidas a práticas e/ou intervenções forçadas e nocivas à sua integridade física e psicológica. Tais práticas — por exemplo: contracepção e esterilização forçadas, terapia de conversão e de cura para pessoas homossexuais — constituem um atentado contra a liberdade das pessoas e, consequentemente, ferem a sua integridade; justamente por isso, não podem ser admitidas em hipótese alguma.

O direito à saúde sexual inclui também a possibilidade de experiências sexuais prazerosas, satisfatórias e seguras, tanto dentro quanto fora do casamento. Mesmo que, por razões culturais ou religiosas, a atividade sexual seja considerada lícita apenas no contexto do matrimônio heterossexual, é preciso reconhecer que pessoas não casadas e não heterossexuais podem ter experiências que expressem os significados positivos da sexualidade, tais como: amor, reciprocidade, compromisso, fidelidade, diálogo, abertura, comunhão. Não reconhecer isso significa condenar à estigmatização e até mesmo à criminalização relações sexuais entre pessoas não casadas. Envolver-se em relações de intimidade sexual é uma decisão pessoal, que deve ser suficientemente esclarecida e responsável. Partir do princípio de que idade, estado civil ou orientação afetivo-sexual são critérios absolutos para avaliar a eticidade de um envolvimento sexual significa desconsiderar o direito que as pessoas têm de decidir como, quando e com quem entrar em intimidade de forma prazerosa, sadia e responsável.[186]

---

185 KISMÖDI; CORONA; MATICKA-TYNDALE; RUBIO-AURIOLES; COLEMAN. Sexual Rights as Human Rights, p. 7.
186 Considero, aqui, importante frisar que a idade pode ser, sim, um critério limitativo e até mesmo impeditivo para o envolvimento em intimidade sexual. Se

A saúde sexual não se refere apenas ao indivíduo; ela está profundamente relacionada com o bem-estar de toda a sociedade, a ponto de podermos afirmar que "uma saúde sexual precária representa maior incidência de doenças em todo o mundo".[187] A falta de disponibilidade e de acesso aos serviços de saúde sexual, a baixa qualidade de tais serviços, a discriminação no atendimento de populações vulneráveis e/ou marginalizadas, o elevado custo dos convênios médicos, a falta de cobertura por parte de convênios médicos de todas as necessidades relativas à saúde sexual, além de protelarem e aumentarem o sofrimento das pessoas, muitas vezes resultam em prejuízo de toda a sociedade ao se perpetuar o desrespeito aos direitos sexuais, a estigmatização das pessoas que mais precisam e a injustiça com pessoas que vivem a exclusão na própria pele. O respeito por parte do Estado à liberdade dos cidadãos no que se refere à própria saúde e ao próprio corpo requer investimento em informação e educação sexual e medidas apropriadas para assegurar a disponibilidade, o acesso e a qualidade dos serviços relacionados à saúde sexual a todas as pessoas, independentemente de tudo o que possa discriminá-las e exclui-las.[188]

---

as crianças devem ser impedidas de tal envolvimento, os adolescentes, por sua vez, poderiam ser acompanhados e orientados nas opções que fazem a esse respeito. Se, por um lado, a abstinência sexual é uma proposta concreta para eles, por outro, ela não pode ser exclusiva, pois aqueles que não a reconhecem como um valor ou que não conseguem vivê-la ficariam deixados a si mesmos num momento tão importante da própria vida. O mesmo vale para pessoas não casadas, hétero ou homossexuais, transexuais e idosas.

187 KISMÖDI; CORONA; MATICKA-TYNDALE; RUBIO-AURIOLES; COLEMAN. Sexual Rights as Human Rights, p. 21.

188 A urgência de medidas apropriadas torna-se ainda mais evidente quando consideramos, por exemplo, a situação de tantas pessoas migrantes, indocumentadas, traficadas, escravizadas e, por isso, deixadas à própria sorte ou forçadas a práticas e intervenções médicas que desrespeitam a sua dignidade e constituem um atentado contra seus direitos fundamentais. O mesmo vale para as comunidades rurais e

Direito n. 8: O direito de usufruir dos benefícios do progresso científico e suas aplicações

Todos têm o direito de usufruir dos benefícios do progresso científico e suas aplicações em relação à sexualidade e saúde sexual.

O direito a atingir um alto padrão de saúde sexual implica o direito de acesso aos benefícios do progresso científico, tanto no que se refere às aplicações científicas quanto aos recursos tecnológicos.[189] Para que isso seja possível, sobretudo para as populações mais marginalizadas, é preciso que os investimentos científicos sejam investimentos que priorizem a saúde de todos os seres humanos na sua integralidade. Isso, concretamente, implica: que a pesquisa seja livre de interferências políticas, ideológicas ou de qualquer outra ordem; que seja dada prioridade à dimensão ética da pesquisa; que as pessoas, as comunidades, as populações sejam protegidas de quaisquer efeitos negativos ou danosos provenientes do uso indevido de tais tecnologias; que todos tenham acesso aos medicamentos essenciais para a saúde; que sejam favorecidos

---

indígenas, minorias sexuais, pessoas com deficiências e com HIV/AIDS, vítimas de violência sexual. Embora por si mesmos não garantam a saúde sexual das pessoas, diversos recursos e serviços poderiam ser gratuitamente assegurados a elas tais como: testes, diagnósticos, aconselhamento, acompanhamento, encaminhamento. Ver: WORLD HEALTH ORGANIZATION. *Sexual Health, Human Rights and the Law.* Geneva: WHO, 2015; KISMÖDI; CORONA; MATICKA-TYNDALE; RUBIO-AURIOLES; COLEMAN. Sexual Rights as Human Rights, p. 21-23. Ver também: IPPF, p. 19-20.

189 Ver: COMMITTEE ON ECONOMIC, SOCIAL AND CULTURAL RIGHTS. General Comment no. 14: The Right to the Highest Attainable Standard of Health (Art. 12) Adopted at the Twenty-Second Session of the Committee on Economic, Social and Cultural Rights, on 11 August 2000 (Contained in Document E/C.12/2000/4). Disponível em: https://www.refworld.org/pdfid/4538838d0.pdf. Acesso em: 30 jan. 2021.

e garantidos para todas as pessoas o consentimento devidamente informado e a privacidade de todas as informações.[190]

Aplicado ao campo da saúde sexual, o direito de acesso aos benefícios do progresso científico pode ter enorme impacto na vivência da sexualidade. Basta considerar, por exemplo, as novas tecnologias reprodutivas, os tratamentos disponíveis para disfunções sexuais, os novos e eficazes antirretrovirais, as cirurgias de readequação sexual etc. No entanto, o alto investimento em pesquisa, o custo com propriedade intelectual e o direito de exclusividade garantido pelas patentes muitas vezes elevam o custo dos produtos, dificultam a produção e distribuição de medicamentos mais baratos e fazem com que o acesso às novas tecnologias e aos resultados das novas pesquisas seja um "direito" para quem possa pagar. Aumenta, assim, o risco de discriminação de comunidades ou populações mais carentes.[191]

O direito de usufruir dos benefícios do progresso científico e suas aplicações em relação à sexualidade e saúde sexual requer, também, que sejam considerados os riscos que certos grupos de pessoas ou nações podem correr quando submetidos a experiências sem o devido consentimento ou sem o devido esclarecimento. Interesses econômicos ou ideológicos podem transformar pessoas e comunidades em cobaias úteis, descartáveis quando não servem mais como meio para alcançar os fins desejáveis.[192]

---

190 KISMÖDI; CORONA; MATICKA-TYNDALE; RUBIO-AURIOLES; COLEMAN. Sexual Rights as Human Rights, p. 23-24.
191 KISMÖDI; CORONA; MATICKA-TYNDALE; RUBIO-AURIOLES; COLEMAN. Sexual Rights as Human Rights, p. 23-24.
192 Ver: IPPF, p. 19-20.

Direito n. 9: O direito à informação

Todos devem ter acesso à informação cientificamente precisa e esclarecedora sobre sexualidade, saúde sexual e direitos sexuais por meio de diversas fontes. Tal informação não deve ser arbitrariamente censurada, retida ou intencionalmente deturpada.

As maneiras de aprendizagem sobre sexualidade são múltiplas. Deveriam ser complementares, mas isso nem sempre ocorre. O que se aprende em casa ou na escola ou na igreja ou na rua ou na internet acaba sendo o único e verdadeiro critério para se pronunciar sobre o assunto. O risco é o de atribuir caráter científico ao que carece de qualquer fundamento científico e, desse modo, prolongar no tempo concepções redutivas, preconceituosas e infundadas sobre sexualidade e comportamento sexual.

Se, por um lado, o direito à informação pressupõe a liberdade de buscar dados e fontes para sustentar uma opinião ou convicção sem pressão ou coação externa, por outro, ele não pode prescindir de base científica, sob pena de reduzir-se a uma autoverdade que dificilmente poderá advogar para si a pretensão de ser respeitada e assegurada como um direito humano.[193] Todos têm direito a uma informação cientificamente precisa e esclarecedora sobre sexualidade, saúde sexual e direitos sexuais através de diversas fontes. Nesse

---

193 Para Eliane Brum, embora a pós-verdade tenha se tornado nos últimos anos um conceito importante para compreender o mundo atual, faz-se necessário pensar também no que se pode chamar de *autoverdade*, isto é, algo que pode ser entendido como a valorização de uma verdade pessoal e autoproclamada, uma verdade do indivíduo, uma verdade determinada pelo "dizer tudo" da internet. Ver: BRUM, Eliane. Bolsonaro e a autoverdade. *El País* (16.07.2018). Disponível em: https://brasil.elpais.com/brasil/2018/07/16/politica/1531751001_113905.html. Acesso em: 30 jan. 2021.

campo, não é tanto a força da própria opinião ou convicção que obriga a pessoa, mas a abertura à busca e à compreensão da verdade. Do mesmo modo, não é a força da autoridade ou da censura que deve limitar ou manipular o direito à informação ou o acesso à multiplicidade de fontes. Quando isso acontece, compromete-se gravemente o exercício da cidadania, da justiça e do direito.

O direito à informação no campo da sexualidade abrange diversos âmbitos: o direito a precisas informações médicas e científicas; o direito a informações legais sobre o acesso a serviços de saúde sexual; o direito a informações sociais e políticas que sejam úteis para que as pessoas expressem sua sexualidade e protejam sua saúde sexual; o direito à preservação do sigilo a respeito de informações pessoais; o direito à expressão, mesmo quando as informações provocarem estranheza ou incomodarem alguns setores da sociedade; o direito que o Estado tem de remover todas as barreiras que impeçam o acesso à informação sobre os direitos sexuais; o direito de exigir do Estado tanto o acesso a informações por parte de todas as pessoas quanto a segurança necessária para que tais informações sejam obtidas; o direito de exigir dos meios de comunicação empenho concreto na eliminação de estigmas, discriminações e exclusões e na edificação de uma cultura mais respeitosa das pessoas, da diversidade, da pluralidade e dos direitos de todos.[194]

Quanto maior a restrição ao direito de buscar, prover e receber informações imparciais e cientificamente acuradas sobre sexualidade, saúde sexual e direitos sexuais, maiores são os efeitos negativos sobre a saúde das pessoas e das sociedades. Recorrer ao argumento da defesa da moral e dos bons costumes para proibir informações sobre os riscos do sexo não seguro, as infecções sexualmente transmissíveis, as gravidezes indesejadas, as violências

---

194 KISMÖDI; CORONA; MATICKA-TYNDALE; RUBIO-AURIOLES; COLEMAN. Sexual Rights as Human Rights, p. 24-25.

de gênero etc. pode reforçar, na prática, a discriminação e a violência, os estereótipos de gênero, as atitudes repressivas em relação ao sexo e as desigualdades sociais. A edificação de uma cultura que valorize e promova a saúde sexual das pessoas não se dá sem a convicção de que o direito à informação é também um direito sexual a ser não apenas tolerado, mas promovido por meio dos mais variados canais de comunicação e provido pelo Estado e pelas diversas instituições educativas.[195]

Direito n. 10: O direito à educação e o direito à educação sexual esclarecedora

Todos têm direito à educação e a uma educação sexual esclarecedora. Educação sexual esclarecedora deve ser adequada à idade, cientificamente acurada, culturalmente idônea, baseada nos direitos humanos e na equidade de gêneros e ter uma abordagem positiva quanto à sexualidade e ao prazer.

O direito à educação é um direito humano indispensável para que as pessoas tenham condições de viver com dignidade e liberdade. Mais ainda, o direito à educação é um direito fundamental para que as pessoas tenham consciência de todos os seus direitos e, entre eles, o direito à educação sexual. Graças à educação, as pessoas podem ter condições de vencer diferentes formas de pobreza, superar diferentes formas de exclusão e empoderar-se para enfrentar e lutar contra diferentes formas de discriminação.[196]

---

195 Ver o excelente trabalho de: FIGUEIRÓ, Mary Neide Damico. *Educação Sexual*. Retomando uma proposta, um desafio. 3 ed. Londrina: Eduel, 2010, p. 117-138.
196 KISMÖDI; CORONA; MATICKA-TYNDALE; RUBIO-AURIOLES; COLEMAN. Sexual Rights as Human Rights, p. 26.

Para que se efetive a transformação social, cultural, econômica e política de uma sociedade, a educação sexual precisa ser emancipatória. Isso implica, em primeiro lugar, que a proposta educativa favoreça a superação da autorrepressão por meio da compreensão dos padrões e normas sexuais próprios do contexto em que as pessoas vivem e do modo como se relacionam com a estrutura socioeconômica, política e cultural.[197] Em outras palavras, é somente por meio de uma educação sexual esclarecedora que se dá a emancipação das pessoas.

Uma educação sexual esclarecedora tem de ser crítica em relação à história. Embora a cultura sexual de uma sociedade seja parte da sua cultura total, não podemos ignorar que a cultura total também molda a cultura sexual. Tanto uma quanto outra são realidades construídas historicamente e, portanto, condicionadas por estruturas, modelos e valores significativos em determinados períodos históricos. A capacidade de leitura crítica dessa realidade faz da educação sexual uma atividade política, pois não há como abordar a sexualidade desvinculando-a das demais questões sociais. Maria Amélia Azevedo Goldberg — para a qual a educação sexual é um convite a "comprometer-se numa série de lutas" — aponta algumas indicações para que a educação sexual seja, de fato, emancipatória. É preciso que ela seja uma prática de: "1. *Autonomia,* isto é, de desenvolvimento de atitudes e valores próprios e da consciência de que cada um pode e deve fazer escolhas pessoais e responder por elas; 2. *Participação* em lutas coletivas, ou seja, um projeto de cooperação e conflito, antes que um exercício de individualismo e cordialidade. Nenhuma transformação significativa na área da sexualidade humana poderá ser conseguida, senão através da luta solidariamente assumida; 3. *Denúncia* e produção de alternativas concretas. A transformação pressupõe a crítica do presente à luz do

---

197 FIGUEIRÓ. *Educação Sexual,* p. 120.

passado, mas exige também a criação do futuro. Nesse sentido, o fundamental não é contemplar a realidade, mas agir sobre ela".[198]

Uma educação sexual esclarecedora deve também ser objetiva e aberta à pluralidade. Deve ser objetiva e cientificamente fundamentada, a fim de abranger a sexualidade na sua totalidade e complexidade. Aberta aos dados das ciências, deve ser inter e multidisciplinar, a fim de contemplar a pluralidade de significados que derivam de tais ciências. Embora as famílias tenham o direito de educar seus filhos de acordo com suas convicções religiosas e culturais, nenhuma família tem o direito de privar seus filhos de receber informações críticas a respeito do assunto, pois trata-se de um direito essencial para o completo desenvolvimento da personalidade humana.

Adequado à idade das pessoas em questão, o processo de educação sexual visa favorecer a liberdade, a igualdade e a justiça sexual. O exercício de uma sexualidade liberada da culpa, no plano pessoal, e da opressão, no plano social, favorece às pessoas a tomada de decisões mais autônomas e responsáveis sobre a própria vida sexual. A vivência de relações pautadas na equidade de gêneros proporciona às pessoas a superação da assimetria sexual e da violência aprendida, além de ser um meio eficaz de superação de estigmas e preconceitos sexuais. A abordagem positiva quanto à sexualidade e ao prazer capacita as pessoas para uma vivência saudável da sexualidade e para o banimento das várias expressões de violência de todas as relações.[199]

---

198 GOLDBERG, Maria Amélia Azevedo. *Educação sexual:* uma proposta, um desafio. 4 ed. São Paulo: Cortez, 1988, p. 11.
199 UNITED NATIONS EDUCATIONAL, SCIENTIFIC AND CULTURAL ORGANIZATION (UNESCO). *International Technical Guidance on Sexuality Education. An Evidence-Informed Approach.* Revised edition. Geneva: UNESCO, 2018. Disponível em: https://www.unaids.org/sites/default/files/media_asset/ITGSE_en.pdf. Acesso em: 30 jan. 2021; FIGUEIRÓ. *Educação Sexual,* p. 134-135; Ver: IPPF, p. 20; KISMÖDI; CORONA; MATICKA-TYNDALE; RUBIO-AURIOLES; COLEMAN. Sexual Rights as Human Rights, p. 26.

Direito n. 11: O direito de constituir, formalizar e dissolver casamento ou outros relacionamentos similares baseados em igualdade, com consentimento livre e absoluto

Todos têm o direito de escolher casar-se ou não, bem como adentrar livre e consensualmente em casamento, parceria ou outros relacionamentos similares. Todas as pessoas são titulares de direitos iguais na formação, durante e na dissolução de tais relacionamentos sem discriminações de qualquer espécie. Esse direito inclui igualdade absoluta de direitos frente a seguros sociais, previdenciários e outros benefícios, independentemente da forma do relacionamento.

Todas as pessoas, independentemente de gênero e orientação afetivo-sexual, têm o direito de escolher casar-se ou não, escolher livremente um parceiro, engajar-se consensualmente em relações que sejam significativas para a própria vida. Tais relações podem ou não se fundamentar em compromissos que sejam definitivos. Embora em muitos contextos os casamentos legalmente reconhecidos constituam o fundamento da família e das relações de intimidade sexual, é importante reconhecer que "família", nos dias atuais, não pode mais ser pensada no singular,[200] isto é, há várias configurações familiares que muitas vezes prescindem de qualquer grau de parentesco ou compromisso matrimonial. Junto com as famílias nucleares, existem famílias monoparentais, binucleares, reconstituídas, homoafetivas, transexuais etc., cujos protagonistas exigem seus direitos de cidadãos. Como bem afirma Paulo Roberto Ceccarelli, "a transformação dos genitores em pais não é atrelada ao fato físico que dá lugar ao nascimento de uma criança, ou seja, nascer

---

200 ZAIDAN, Patrícia; PAULINA, Iracy. A brava juíza dos afetos. Claudia 49/3 (2010): 43-47, (entrevista com a juíza Maria Berenice Dias).

da união de um homem com uma mulher não basta para ser filho, ou filha, daquele homem e daquela mulher; ou ainda: colocar uma criança no mundo não transforma os genitores em pais; o nascimento (fato físico) tem que ser transformado em filiação (fato social e político), para que, inserida em uma organização simbólica (fato psíquico), a criança se constitua como sujeito".[201] Em outras palavras, os fatos físico, social e psíquico guardam cada vez menos relação de dependência entre si e, considerando o modo como se inter-relacionam, dão origem aos variados arranjos familiares.

As relações que as pessoas estabelecem entre si — sejam elas fundamentadas em contratos reconhecidos legalmente ou em crenças religiosas assumidas pessoalmente — estão intimamente relacionadas com a saúde sexual. Basta pensar, por exemplo, nos casamentos legalmente impostos ou nas uniões legalmente proibidas. Casamentos muito precoces ou forçados põem em risco a saúde e a vida de crianças e adolescentes, pois esses têm menos condições de negociar o que se refere ao sexo (relação sexual, reprodução, saúde sexual etc.), quando não são vítimas de estupro marital. Por outro lado, quando é negado o reconhecimento civil à união entre pessoas do mesmo sexo, transexuais e deficientes, automaticamente tais pessoas são excluídas dos serviços relacionados à saúde e dos benefícios a que teriam direito se fossem casadas. Se o casamento ou as uniões reconhecidas como estáveis garantem às pessoas uma série de vantagens sociais, econômicas, legais etc., o mesmo não se pode dizer das relações não reconhecidas legalmente. As pessoas envolvidas em tais relações podem ver-se privadas de benefícios sociais e econômicos e isso pode comprometer gravemente tanto a sua saúde global como a sua saúde sexual.[202]

Se, por um lado, o consentimento entre as partes é condição ideal para se entrar numa relação estável, as pessoas deveriam

---

201 CECCARELI. Novas configurações familiares, p. 93.
202 KISMÖDI; CORONA; MATICKA-TYNDALE; RUBIO-AURIOLES; COLEMAN. Sexual Rights as Human Rights, p. 28.

poder contar inclusive com o apoio do Estado para sair e dissolver relações que atentam contra sua dignidade, liberdade, autonomia e sanidade e/ou desrespeitam seus direitos fundamentais. O mesmo vale para uniões precoces ou forçadas: o Estado não deveria medir esforços para eliminar tais práticas e garantir às pessoas o direito de decidir quando, se e com quem se casar.

Embora em certos contextos as uniões legalmente reconhecidas pela sociedade civil e pela instituição religiosa sejam consideradas o "lugar" ideal para relações de intimidade e para a procriação, é preciso considerar o fato de que muitas pessoas são sexualmente ativas e, por vezes, recorrem a diversas práticas reprodutivas, mesmo fora de qualquer tipo de união estável. Vale para elas o que foi dito sobre a importância do consentimento entre as partes, do reconhecimento dos seus direitos pelo Estado e, em muitos casos, inclusive da provisão de recursos sociais e econômicos pelo Estado para que alcancem o desejado nível de saúde sexual a que todos têm direito, independentemente de serem ou não casadas.

Direito n. 12: O direito de decidir sobre ter filhos, o número de filhos e o espaço de tempo entre eles, além de receber informações e meios para tal

Todos têm o direito de decidir ter ou não ter filhos, a quantidade desses e o lapso de tempo entre cada criança. O exercício desse direito requer acesso a condições que influenciam e afetam a saúde e o bem-estar, incluindo serviços de saúde sexual e reprodutiva relativos à gravidez, contracepção, fertilidade, interrupção da gravidez e adoção.

Poder fazer escolhas autônomas — livres de pressão e coerção — sobre a própria sexualidade implica reconhecer, também, o direito de as pessoas decidirem se, quando e como ter filhos.²⁰³ O exercício desse direito parte de dois pressupostos: 1. "Nenhuma forma de ato sexual — não procriador ou procriador — é normativa. Em vez disso, cada uma delas é uma dimensão genuína da expressão sexual, cada uma delas tem seus próprios benefícios e seus momentos próprios e cada uma delas pode manter o relacionamento entre os parceiros";²⁰⁴ 2. Para ter um filho não é mais condição imprescindível ter um/a parceiro/a ou relação sexual com ele/a; paternidade e maternidade são reivindicadas como direitos que prescindem de estado civil, orientação sexual e relação sexual.²⁰⁵

Hoje, graças ao fácil acesso às informações e aos serviços de saúde sexual e reprodutiva — que incluem acesso a métodos de controle de fertilidade e de natalidade seguros, efetivos e economicamente viáveis — e às novas técnicas de reprodução assistida — que, embora não tão economicamente viáveis em alguns contextos, possibilitam a produção independente e a experiência da paternidade-maternidade biológica a pessoas que, por diversos motivos, não têm capacidade de procriar —, as pessoas têm mais possibilidades de decidir se, quando e como ter filhos e de exercitar, dessa forma, a autonomia responsável, sem serem vítimas da discriminação a que outrora eram submetidas.²⁰⁶

---

203 KISMÖDI; CORONA; MATICKA-TYNDALE; RUBIO-AURIOLES; COLEMAN. Sexual Rights as Human Rights, p. 29-30.

204 TRAINA, Cristina L. H. Ideais papais, realidades conjugais: uma perspectiva a partir da base. In: JUNG, Patricia Beattie; CORAY, Joseph Andrew (Orgs.). *Diversidade sexual e catolicismo*. Para o desenvolvimento da teologia moral. São Paulo: Loyola, 2005, p. 316.

205 Ver: GREELY, Henry T. *The End of Sex and the Future of Human Reproduction*. Cambridge: Harvard University Press, 2016. Para uma excelente recensão do livro de Greely, ver: SUTER, Sonia M. Book Review. *Journal of Law and the Biosciences* 3/2 (2016): 436-444. Disponível em: https://academic.oup.com/jlb/article/3/2/436/1751289. Acesso em: 30 jan. 2021.

206 É oportuno ter presente, aqui, a questão do "direito ao filho". Embora seja possível compreender o sofrimento que possa causar às pessoas a infertilidade,

Embora reivindicado como direito, o aborto provocado — entendido como interrupção voluntária da gravidez —, na perspectiva em que estamos abordando os direitos sexuais neste trabalho, resulta como violação do bem mais precioso da pessoa e do seu direito inalienável à vida. Torna-se ainda mais grave o aborto, do ponto de vista ético, pelo fato de se tratar da vida de um ser humano indefeso. Sendo um direito inalienável, o direito à vida não pode reduzir-se a uma concessão feita pelo outro, pela sociedade ou pelo Estado. O respeito incondicional à vida, à integridade física de todo ser humano, desde a concepção até a morte, é um direito fundamental da pessoa e, como já mencionamos no 1º Capítulo, expressa a exigência ética própria do conceito de dignidade.

Privar uma categoria de pessoas — no caso, seres humanos indefesos — de proteção legal significa negar a elas a igualdade perante a lei e, portanto, dar espaço a práticas injustas. Se o Estado não for o primeiro a proteger os direitos dos cidadãos mais vulneráveis, ele atenta contra os fundamentos de um Estado de direito. A defesa da integridade da pessoa e o cuidado dela fazem parte do seu direito inalienável à vida. Portanto, reconhecer o aborto provocado como meio de controle de natalidade significa tratar as vidas humanas em questão de forma discriminatória e, consequentemente, injusta.[207]

---

não deixa de ser eticamente questionável o fato de uma pessoa ou um casal querer ter um filho a todo custo, independentemente do fato de considerar que esse filho tem direitos que se sobrepõem aos de quem deseja conceber, como o direito de vir ao mundo num contexto que garanta e assegure o seu bem-estar pleno e o direito de ser respeitado como pessoa desde o momento da sua concepção.

[207] O debate sobre a legalização e descriminalização do aborto resulta bastante complexo, pelo fato de envolver elementos técnicos, jurídicos, psíquicos, éticos e religiosos. Embora contrário à legalização e à descriminalização, acredito que vale a pena conhecer o parecer da antropóloga Débora Diniz, um dos principais nomes da academia sobre o assunto no Brasil. Para Débora, "aborto não é matéria de prisão, mas é de cuidado, de proteção e prevenção". Ver a contribuição dada por

Direito n. 13: O direito à liberdade de pensamento, opinião e expressão

Todos têm direito à liberdade de pensamento, opinião e expressão relativos à sexualidade, bem como o direito à expressão plena de sua própria sexualidade, por exemplo na aparência, comunicação e comportamento, desde que devidamente respeitados os direitos dos outros.

O direito à liberdade de pensamento, opinião e expressão relativos à sexualidade se fundamenta no fato de a pessoa dever/poder ser o que é e manifestar-se plenamente como é em relação à sua sexualidade, orientação sexual e identidade de gênero. Ele expressa a importância da coerência entre ser e viver na esfera da sexualidade e é, por isso, também sinal evidente de respeito à dignidade e identidade da pessoa: "É componente fundamental da individualidade da pessoa e da percepção que ela tem sobre si mesma".[208]

As manifestações de tal direito são múltiplas e devem ser respeitadas, desde que não atentem contra os direitos dos outros e não resultem em estigmatização, discriminação, abuso e violência de quem quer que seja.

Afirmar o direito à liberdade de pensamento, opinião e expressão relativos à sexualidade implica reconhecer, em primeiro lugar, o direito que todas as pessoas têm de se manifestar como são

---

ela numa das audiências públicas para debater a Arguição de Descumprimento de Preceito Fundamental — ADPF 442. Disponível em: https://www.revistaforum.com.br/debora-diniz-no-stf-aborto-nao-e-materia-de-prisao-mas-de-cuidado-protecao-e-prevencao/. Acesso em: 30 jan. 2021; DINIZ, Debora; MEDEIROS, Marcelo; MADEIRO, Alberto. Pesquisa Nacional de Aborto 2016. *Ciência & Saúde Coletiva* 22/2 (2017): 653-660. Ver também: IPPF, p. 20-21.

[208] KISMÖDI; CORONA; MATICKA-TYNDALE; RUBIO-AURIOLES; COLEMAN. Sexual Rights as Human Rights, p. 30.

e expressar como vivem o afeto e o prazer, rompendo, assim, com a concepção de que manifestações na esfera da sexualidade estão condicionadas ao fato de a pessoa se encaixar no conceito de "normalidade" próprio de um determinado contexto sociocultural ou adequar-se a estereótipos que resultam da absolutização de certas expressões que não passam de relativos modos de ser-viver como homem-mulher.

O direito à liberdade de pensamento, opinião e expressão relativos à sexualidade implica, também, reconhecer às ciências e à pesquisa científica o direito de comunicar, por diferentes meios e de diferentes formas, os resultados de suas descobertas, sobretudo daquelas que contribuam para diminuir o sofrimento e a exclusão das pessoas por causa da sua condição antropológica e sirvam para aumentar o nível de compreensão, tolerância, respeito e solidariedade entre as pessoas.

O direito à liberdade de pensamento, opinião e expressão relativos à sexualidade refere-se, ainda, às atividades artísticas que representam e retratam as experiências humanas que se referem à sexualidade e à saúde sexual. O fato de que tais atividades tenham maior ou menor significado para determinados contextos socioculturais ou em determinados períodos históricos e não expressem, assim, todos os valores de um determinado grupo social ou religioso não deveria ser critério para que sejam censuradas ou impedidas de ser partilhadas.

O direito à liberdade de pensamento, opinião e expressão relativos à sexualidade está em profunda relação de interdependência com os direitos à informação, educação e não discriminação e é, por isso, essencial "para a equidade, participação, liberdade de consciência e autonomia".[209]

---

[209] KISMÖDI; CORONA; MATICKA-TYNDALE; RUBIO-AURIOLES; COLEMAN. Sexual Rights as Human Rights, p. 31.

Uma questão muito polêmica quanto à liberdade de pensamento, opinião e expressão relativos à sexualidade é a extensão de tal direito. Concordo com Caio Eduardo Costa Cazelatto e Valéria Silva Galdino Cardin quando afirmam que, "em que pese a inestimável importância que permeia a liberdade de expressão, seja por esta ser um dos pilares do Estado Democrático de Direito, seja por esta garantir o desenvolvimento da autonomia e da personalidade humana, é certo que, assim como qualquer outro direito, seu exercício não é absoluto, nem ilimitado, muito menos é axiologicamente superior a outros direitos fundamentais ou da personalidade".[210] Se, por um lado, a liberdade de expressão é incompatível com toda forma de censura prévia, por outro, isso não significa que não existam limites para o exercício do direito de cada um. Tais limites se impõem quando o uso da liberdade de expressão é irresponsável, a efetividade dos demais direitos é lesada pela prática inconsequente da liberdade e os direitos dos outros são desrespeitados ou violados.

Basta considerar, por exemplo, discursos de ódio homofóbico. Tais discursos, que são a reprodução concreta de certas ideologias, incentivam o desprezo, a intolerância, a perseguição, a violência contra uma minoria vulnerável e, muitas vezes, marginalizada. Não pode ser confundido com liberdade de expressão o que ofende, incita ao ódio, provoca dano, desrespeita direitos fundamentais. "O discurso de ódio homofóbico, ao visar padronizar a sexualidade humana, impondo regras para o seu exercício, legitima, de um lado, as práticas heteronormativas e, de outro, a violência simbólica ou, até mesmo, a violência direta contra as inúmeras identidades sexuais hétero-cis-discordantes. [...] Pode-se

---

210 CAZELATTO, Caio Eduardo Costa; CARDIN, Valéria Silva Galdino. Das restrições à liberdade de expressão frente à violação dos direitos das minorias sexuais pelo discurso de ódio. *Conpedi Law Review*, Braga-Portugal, 3/2 (2017): 58.

afirmar que o discurso homofóbico é um instrumento de exclusão social perante aqueles que transpõem as barreiras do modelo hétero-cis-normativo, elencado como manifestação legítima e sadia do exercício da sexualidade, razão pela qual sofrem com a discriminação, o preconceito e a exclusão social".[211]

Direito n. 14: O direito à liberdade de associação e reunião pacífica

Todos têm o direito de organizar-se, associar-se, reunir-se, manifestar-se pacificamente e advogar, inclusive sobre sexualidade, saúde sexual e direitos sexuais.

O direito à liberdade de associação e reunião pacífica não pode ser entendido independentemente dos direitos de participação na vida pública e política e de liberdade de expressão. Se, por um lado, ninguém pode ser obrigado a pertencer a uma associação, por outro, é um direito de todos poder reunir-se e manifestar-se pacificamente por meio de assembleias ou associações.

Para Paulo Gustavo Gonet Branco, "a liberdade de associação presta-se a satisfazer necessidades várias dos indivíduos, aparecendo, ao constitucionalismo atual, como básica para o Estado Democrático de Direito. Quando não podem obter os bens da vida que desejam, por si mesmo, os homens somam esforços, e a associação é a fórmula para tanto. Associando-se com outros, promove-se maior compreensão recíproca, amizade e cooperação, além de expandirem as potencialidades de autoexpressão, personalidade, constituindo-se em meio orientado para a busca da autorrealização. Indivíduos podem-se associar para alcançar metas econômicas ou para se defenderem, para mútuo apoio, para

---

[211] CAZELATTO; CARDIN. Das restrições à liberdade de expressão frente à violação dos direitos das minorias sexuais pelo discurso de ódio, p. 69.

fins religiosos, para promover interesses gerais ou da coletividade, para fins altruísticos, ou para se fazerem ouvir, conferindo maior ímpeto à democracia participativa. Por isso mesmo, o direito de associação está vinculado ao preceito de proteção da dignidade da pessoa, aos princípios de livre iniciativa, da autonomia da vontade e da garantia da liberdade de expressão".[212]

A liberdade de associação implica o direito não apenas de a pessoa entrar num determinado grupo, mas também poder sair dele quando julgar conveniente. Além disso, a liberdade de associação implica que o grupo tem o direito de perseguir os interesses dos seus membros. Trata-se de uma atividade política, visto que a pessoa passa a atuar num lugar público. Trata-se, também, de uma atividade complexa, pois possui tanto uma dimensão individual quanto institucional, a ser desenvolvida e harmonizada por um sistema jurídico constitucional que seja coerente com princípios de liberdade. Se, por um lado, a liberdade de associação expressa a capacidade articuladora das pessoas, por outro, ela concretiza o respeito à pluralidade em todas as suas dimensões.

Num contexto em que as pessoas têm poucos recursos para dar voz às suas lutas, a existência de associações ou grupos é um meio concreto para empoderar e fortalecer vozes isoladas e tornar visíveis as suas causas.[213] Embora muitas vezes uma determinada luta vise a uma causa de um grupo bastante específico, não podemos ignorar que ela expressa a universalização da cidadania. Somos todos cidadãos, que ganhamos com as conquistas deste ou daquele específico grupo.[214]

---

212 BRANCO, Paulo Gustavo Gonet. II – Liberdades. In: MENDES, Gilmar Ferreira; BRANCO, Paulo Gustavo Gonet. *Curso de Direito Constitucional.* 7 ed. São Paulo: Saraiva, 2021, p. 430.

213 Ver o interessante trabalho de: BRUCE, Katherine McFarland. *Pride Parades. How a Parade Changed the World.* New York: New York University Press, 2016.

214 KISMÖDI; CORONA; MATICKA-TYNDALE; RUBIO-AURIOLES; COLEMAN. Sexual Rights as Human Rights, p. 32.

Vale recordar que o direito à liberdade de associação não é um direito absoluto. Cabe ao Estado avaliar a existência de eventuais abusos no exercício desse direito, sobretudo quando resultam comprometidos os requisitos constitucionais que revestem a atividade associativa, disseminando ódio, racismo, intolerância, discriminação, violência.[215]

Direito n. 15: O direito de participação na vida pública e política

Todos têm direito a um ambiente que possibilite a participação ativa, livre e significativa e que contribua com aspectos civis, econômicos, sociais, culturais e políticos da vida humana em âmbito local, regional, nacional ou internacional. Em especial, todos têm o direito de participar do desenvolvimento e implantação de políticas que determinem seu bem-estar, incluindo sua sexualidade e saúde sexual.

O direito de participação na vida pública e política se fundamenta no reconhecimento de a pessoa ser protagonista nos processos decisórios que afetam a sua sexualidade e saúde sexual. Além de assegurar às pessoas participação informada, o Estado deve também garantir a participação delas no desenvolvimento e na implantação de leis, políticas, programas e processos que determinem sua saúde e bem-estar, incluindo sua sexualidade e saúde sexual. "A participação de populações afetadas em todas as fases do processo

---

[215] A situação é ainda mais complicada se considerarmos, hoje, as redes sociais como "lugar" em que a estupidez e a ignorância se manifestam sem qualquer pudor, fazendo com que pessoas que se identificam com algumas questões se unam para intimidar, atacar, perseguir, destruir, excluir sem a menor consideração e respeito pela dignidade humana e pelos direitos humanos. Ver: IPPF, p. 19.

de tomada de decisão e implantação de políticas e programas, incluindo aqueles relacionados à sexualidade e à saúde sexual, é uma precondição para o desenvolvimento sustentável e o alcance do mais alto grau de saúde, inclusive de saúde sexual".[216]

As evidências mostram que, quando a população participa ativamente de programas e políticas de desenvolvimento, suas necessidades de saúde e seus direitos humanos são mais facilmente levados em consideração e respeitados. Se considerarmos, por exemplo, a participação das mulheres em certos processos decisórios, resulta evidente que em tais processos questões de igualdade de gênero tendem a ser mais valorizadas em vista do bem das próprias mulheres. Isso porque, quando a participação dos sujeitos é valorizada, são os próprios sujeitos que se tornam protagonistas dos processos. Além de promover a independência das pessoas, reduzem-se atitudes paternalistas associadas à sexualidade e às políticas de saúde.

Por outro lado, a inabilidade de certos grupos ou parte da população para participar e/ou favorecer a participação em processos decisórios ou na elaboração de determinadas leis é "causa e consequência de discriminação e exposição à violência e à doença".[217]

Direito n. 16: O direito de acesso à justiça, reparação e indenização

Todos têm o direito ao acesso à justiça, reparação e indenização por violações de seus direitos sexuais. Isso requer medidas efetivas, adequadas e acessíveis, assim como devidamente educativas, legislativas, judiciais, entre outras.

---

[216] KISMÖDI; CORONA; MATICKA-TYNDALE; RUBIO-AURIOLES; COLEMAN. Sexual Rights as Human Rights, p. 33.
[217] KISMÖDI; CORONA; MATICKA-TYNDALE; RUBIO-AURIOLES; COLEMAN. Sexual Rights as Human Rights, p. 33; Ver: IPPF, p. 16-17.

Reparação inclui retratação, indenização, reabilitação, satisfação e garantia de não repetição.

Muitos crimes são cometidos por preconceito, discriminação, desprezo e repulsa em razão de orientação sexual e gênero.[218] Embora todas as pessoas tenham direito de acesso à justiça, à reparação e à indenização quando seus direitos sexuais são violados, os mecanismos de acesso a esse direito muitas vezes perpetuam a marginalização e a discriminação de grupos ou populações vulneráveis, tais como pessoas com HIV, vítimas de estupro ou de violência doméstica, envolvidas na prostituição, traficadas para fins de exploração sexual etc.

Compreender bem o significado de justiça nos ajuda a entender melhor o direito de acesso à justiça, reparação e indenização.[219] Se a justiça é a virtude que leva a lutar pela realização integral e concreta dos bens de cada ser humano e de todos os seres humanos na perspectiva da igualdade e da imparcialidade, ela requer, como afirma Mary Hunt, "realocação de recursos, redistribuição de bens e propriedades, repensamento de velhos preconceitos, reordenação de prioridades em vista da inclusão".[220] Aplicada ao campo da sexualidade, a justiça requer que se admita e promova o direito que todas as pessoas têm de amar e ser amadas, expressar esse amor em diversos modos de relacionamentos e compromissos íntimos e

---

218 Ver: SOUZA, Regina Cirino Alves Ferreira de. *Crimes de Ódio:* racismo, feminicídio e homofobia. Belo Horizonte: Editora D'Plácido, 2018.

219 Para uma abordagem mais ampla deste tema, ver: ZACHARIAS, Ronaldo. Justiça sexual: chamados à equidade e à imparcialidade. In: ZACHARIAS, Ronaldo; CANOSA, Ana Cristina; KOEHLER, Sonia Maria Ferreira (Orgs.). *Sexualidades e Violências*: um olhar sobre a banalização da violência no campo da sexualidade. São Paulo: Ideias & Letras, 2019, p. 185-210.

220 HUNT, Mary. *Fierce Tenderness:* A Feminist Theology of Friendship. New York: Crossroad, 1991, p. 157.

construir suas comunidades com base na inclusão e no bem-estar partilhado. Como nos lembra Barbara Andolsen, a desigual distribuição de poder social gera, muitas vezes, falta de respeito pela igual dignidade dos parceiros sexuais; por isso é preciso considerar seriamente a categorização de gênero: "A falta de justiça de gênero nos domínios sociais e econômicos é uma ameaça para a moralidade sexual".[221] A categorização de gênero determina muitas situações de vida e cria injustiça sexual, especialmente quando as noções de diferença de gênero são vistas não como produto das ações humanas e das relações sociais mas, sobretudo, como categorias ontológicas ou inatas. Não podemos ignorar que nossas identidades e nossos relacionamentos são moldados, em grau significativo, por um código de expectativas que internalizamos e utilizamos diariamente para negociar nossa presença no mundo como homens ou mulheres que vivem em contextos que condicionam a expressão da sua masculinidade ou feminilidade.

Marvin M. Ellison nos chama a atenção para o fato de que, assim como a categorização de gênero, a orientação sexual, além de determinar muitas situações de vida, pode também criar injustiça. Para Ellison, a justiça no campo da sexualidade implica ultrapassar uma tradição que sofre a limitação de ser heterocêntrica na sua perspectiva e heterossexista nos seus valores. Por isso, é preciso afirmar a diversidade de responsabilidades, incluindo a de pessoas gays, lésbicas e bissexuais, bem como apreciar os valores de famílias não tradicionais.[222] Porque a justiça exige igualdade e imparcialidade, somos convidados não apenas a tolerar, mas a apoiar, sustentar e proteger os relacionamentos sexuais responsáveis e significativos;

---

221 ANDOLSEN, Barbara H. Whose sexuality? Whose Tradition? Women, Experience and Roman Catholic Sexual Ethics. In: GREEN, Ronald M. (Ed.). *Religion and Sexual Health*: Ethical, Theological and Clinical Perspectives. Boston: Kluwer Academic Publishers, 1992, p. 70.

222 ELLISON. *Erotic Justice*, p. 22.

a rejeitar qualquer tipo de violência sexual física, psíquica, social ou moral e qualquer tipo de discriminação contra certas pessoas ou grupos de pessoas. Como afirma Daniel Maguire, "justiça é o mínimo que se pode fazer em resposta ao valor das pessoas".[223] As necessidades essenciais da pessoa humana não podem ser negadas, para que haja afirmação do seu valor.

Tendo presentes todos esses elementos, fica mais fácil compreender o significado de reparação e indenização quando tal direito se fizer necessário.[224]

4.2.2.2 Por uma ética do cuidado em relação aos mais vulneráveis

A análise feita de cada um dos 16 direitos sexuais apresentados pela WAS evidenciou que os direitos sexuais "são categorias jurídicas vocacionadas a problematizar fenômenos e relações sociais entabuladas não só por mulheres, mas também por homens", sejam hétero, homo, bi ou transexuais.[225]

Elaborar uma ética do cuidado em relação aos mais vulneráveis implica, entre tantas coisas, considerar:

1. embora todos sejamos vulneráveis, isto é, pessoas que podem ser feridas,[226] há aquelas que, pelos contextos em que vivem e pelas condições em que se encontram, tornam-se mais passíveis de serem feridas do que outras.

---

223 MAGUIRE, Daniel C. The Primacy of Justice in Moral Theology. *Horizons* 10 (1983): 85.

224 Ver: IPPF, p. 21.

225 RIOS. Para um direito democrático da sexualidade, p. 79.

226 Vulnerabilidade deriva do latim *vulnus* (*vulneris*), que significa "ferida"; por isso, pode ser definida como a capacidade de ser ferido. Ver: ZUBEN, Newton Aquiles von. Vulnerabilidade e finitude: a ética do cuidado do outro. Síntese, Revista de Filosofia 39/125 (2012): 433-456.

Quanto maior a vulnerabilidade, maior deve ser a proteção. É o cuidado "que confere ao ser humano a sua humanidade. É, portanto, um existencial básico".[227] O cuidado pressupõe o cultivo da sensibilidade, entendida como capacidade de sair de si e prestar atenção ao outro, sem turvar o olhar com preconceito. Diante do outro, somos chamados a entrar na dinâmica da alteridade e a comprometermo-nos com ele, decidindo por tornarmo-nos próximos dele;

2. "o exercício dos direitos de liberdade e de igualdade, pelos diversos sujeitos nas mais diversificadas situações, manifestações e expressões da sexualidade, em igual dignidade, requer a consideração da dimensão da responsabilidade". É ela que "traduz o dever fundamental do cuidado, respeito e consideração aos direitos de terceiros — sejam estes indivíduos ou a comunidade — quando do exercício livre e em igualdade de condições da sexualidade". O cuidado se expressa na "tentativa de conformar as relações sociais vivenciadas na esfera da sexualidade do modo mais livre, igualitário e respeitoso possível";[228]

3. é expressão de responsabilidade e, portanto, de cuidado e respeito em relação aos mais vulneráveis, rever as diversas normas jurídicas que se referem às diferentes manifestações da sexualidade humana, à luz dos direitos humanos e dos direitos constitucionais fundamentais, e elaborar um ordenamento capaz "de conformar uma série de relações sociais onde aspectos relacionados à sexualidade apresentam-se de modo direto e decisivo";[229]

---

227 BOFF, Leonardo. *Saber cuidar.* Ética do humano. Compaixão pela terra. Petrópolis: Vozes, 1999, p. 34 e 89.
228 RIOS. Para um direito democrático da sexualidade, p. 87.
229 RIOS. Para um direito democrático da sexualidade, p. 74 e 79.

4. sendo os direitos sexuais direitos humanos relacionados à sexualidade, ao mesmo tempo em que são direitos de todas as pessoas, eles expressam exigências ideais que indicam o caminho de sua realização mais plena. Por isso, ainda que subjetivos, são direitos irrenunciáveis. Mesmo que a pessoa viva em condições sub-humanas, os seus direitos têm de ser reconhecidos e, consequentemente, respeitados. Cabe ao Estado propiciar as condições para que as pessoas possam assumi-los como caminho de realização humana. Isso significa que todos, mas especialmente as pessoas mais vulneráveis, gozam de proteção legal e, sobretudo, do direito a condições que favoreçam maior qualidade de vida;

5. à medida que mudam as circunstâncias socioculturais e a compreensão científica sobre o ser humano, os direitos sexuais podem adquirir novos conteúdos — sujeitos à contínua renovação —, sempre que surgirem situações que firam, machuquem e façam o outro sofrer por causa da sua identidade ou do modo de vivê-la. Afirmá-los significa afirmar o respeito, a responsabilidade e o cuidado da pessoa humana. A serviço da dignidade humana, os direitos sexuais não podem ser manipulados ou usados ideologicamente; são direitos de todas as pessoas e da pessoa toda, independentemente de gênero e orientação sexual;

6. considerar os direitos sexuais com base nos mais vulneráveis, isto é, naqueles que têm mais possibilidades de serem feridos, excluídos e descartados, implica lutar por eles e até mesmo no lugar deles, visto que, muitas vezes, encontram-se em situação em que não podem ou não conseguem ser protagonistas da luta por aquilo que lhes

pertence, que são direitos seus. Torna-se evidente que a prioridade, nessa perspectiva, é dada ao direito do outro que não pode se defender pelas condições nas quais se encontra. Mas a condição fundamental para que isso seja possível é a de que a pessoa não renuncie à defesa dos seus próprios direitos, mas a coloque em segundo plano;[230]

7. se o objeto da reflexão ética é a proteção do mais frágil e vulnerável, é preciso que a sociedade combata firmemente toda expressão de violência e negligência em relação a quem mais precisa, pelo fato de a vida ser mais frágil ou ter se tornado mais fragilizada. É violenta toda ação que não respeita a dignidade da pessoa e os seus direitos fundamentais, que invade a sua privacidade sem o devido consentimento, que manipula os seus ideais de vida, que usa da força de modo maléfico ou injusto. Mas também é violenta toda omissão que possa tornar a vida mais frágil ou aumentar a fragilidade da pessoa e, consequentemente, desconsiderar ou desrespeitar os seus direitos. Violência e negligência quase sempre andam de mãos dadas. Se ser negligente (do latim *negligo*) significa menosprezar, ser indiferente, não cuidar nem fazer caso, ser diligente (do latim *diligo*) significa apreciar, zelar, cuidar, prestar atenção, amar. Negligência só se combate com diligência, e violência, com respeito. E o respeito ao mais frágil ou àquele cuja vida resulta mais fragilizada implica, obrigatoriamente, empenho para que toda forma de desigualdade, discriminação, indiferença, exclusão e injustiça seja combatida.[231]

---

230 TORRES. Direitos Humanos, p. 625.
231 Ver as inspiradoras reflexões propostas por: GRACIA, Diego. *Bioética Clínica*. Bogotá: Editorial El Búho, 2001, p. 131-138 e MARTINS, Alexandre Andrade.

4.3 A edificação de uma cultura democrática da sexualidade

Se os direitos sexuais — nascidos no contexto de luta e reivindicações dos movimentos feministas —, foram, num primeiro momento, resultado das realidades sociais de discriminação sexista e de violência e das questões relativas à saúde reprodutiva,[232] hoje são reivindicados como direitos de todos, isto é, *direito democrático da sexualidade*, e, por isso mesmo, devem contar com uma abordagem jurídica que responda aos desafios teóricos e práticos que as orientações, expressões, práticas e identidades associadas à sexualidade produzem no contexto das sociedades democráticas contemporâneas. Um direito democrático da sexualidade implica:

1. afirmar que o acesso a condições que permitam a expressão da sexualidade livre de qualquer forma de coerção, discriminação, injustiça ou violência é um direito de todas as pessoas. Portanto, "um direito da sexualidade deve cuidar não só da proteção de um grupo sexualmente subalterno em função do gênero e do sexo. Outras identidades reclamam essa proteção, como ocorre com gays, lésbicas e transgêneros. Mais além: o direito da sexualidade não pode se esgotar na proteção identitária, seja de que grupo for".[233] É preciso considerar que há condutas e preferências sexuais que não necessariamente se vinculam a esta ou àquela identidade;

Bioética, saúde e vulnerabilidade: em defesa da dignidade dos vulneráveis. São Paulo: Paulus, 2012.

232 RIOS. Para um direito democrático da sexualidade, p. 75-80.

233 RIOS. Para um direito democrático da sexualidade, p. 82. Ver também: ÁVILA. Direitos sexuais e reprodutivos, p. S467.

2. considerar as pessoas como sujeitos de direito, e não apenas objetos de regulação. Em outras palavras, embora seja uma realidade a existência de grupos mais vulneráveis, nenhum deles pode ser tratado como subalterno ou vitimista. A situação de vulnerabilidade "assume a perspectiva da igualdade e da dignidade, contextualizando-as nos cenários de injustiça, discriminação, opressão, exploração e violência que assolam inúmeras identidades e práticas sexuais subalternas ou outras condições a elas associadas";[234]
3. reconhecer o igual respeito às diversas manifestações da sexualidade e o igual acesso de todos, sem distinções, aos bens necessários para alcançar o mais pleno grau de saúde sexual. Isso requer transcender a mera tolerância com argumentos que, por mais nobres que pareçam, na realidade negam o reconhecimento da igualdade e da liberdade na esfera das relações de intimidade de tudo o que parece ser próprio de uma minoria;[235]
4. superar a dicotomia público-privado. Espaços privados têm sido lugares oportunos para abuso sexual infantil, violência doméstica, estupro conjugal, opressão machista e heterossexista, abrindo feridas em tantas vidas e excluindo outras da igualdade de oportunidades, comprometendo, assim, a realização autonomamente responsável das pessoas.[236] Afirmar um direito democrático

---

[234] RIOS. Para um direito democrático da sexualidade, p. 84.

[235] É comum, nesses casos, tolerar certas pessoas desde que se comportem bem, ou seja, desde que, publicamente, se manifestem como iguais à maioria ou sejam mudas quanto às expressões de afeto. É interessante o estudo de caso feito por Rios das uniões homossexuais e dos "direitos especiais" das chamadas minorias no direto da sexualidade. Ver: RIOS. Para um direito democrático da sexualidade, p. 90-92.

[236] Ver: ROSOSTOLATO, Breno; TELLES, Carlos José Fernandes. *Estupro marital*. Um estudo sócio-histórico de uma violência doméstica, sexual e de gênero. Rio de Janeiro: Metanoia, 2020.

da sexualidade significa rever o ordenamento jurídico para que não fiquem à margem da lei violações cometidas por agentes privados;[237]

5. garantir proteção jurídica e, portanto, uma abordagem livre de discriminação a identidades e práticas sexuais socialmente estigmatizadas porque próprias de uma minoria. Na perspectiva dos direitos humanos, pessoas e grupos devem ser protegidos contra "violações perpetradas por maiorias".[238] Sendo todos iguais perante a lei e gozando do mesmo direito à liberdade, a proteção de tais identidades e práticas é uma exigência da própria democracia;

6. refutar abordagens fundadas unicamente em premissas religiosas.[239] Quando identidades ou práticas sexuais majoritárias tornam-se sinônimo de moralidade, pavimenta-se o caminho para a discriminação, violência e exclusão. O risco de integrismo, fundamentalismo e autoritarismo acaba se sobrepondo à igualdade e liberdade das pessoas; consequentemente, o respeito à dignidade humana e aos fundamentos do Estado laico e democrático de direito resulta comprometido. Os critérios elencados neste capítulo — 4.2.1.2 - Autonomia, liberdade, responsabilidade, igualdade — são suficientes para

---

237 RIOS. Para um direito democrático da sexualidade, p. 92-93.

238 RIOS. Para um direito democrático da sexualidade, p. 94.

239 Ávila tem razão quando afirma que o poder público deve "reconhecer que as políticas de saúde voltadas para reprodução e sexualidade devem ser consideradas como parte das atribuições de um Estado laico e democrático, e portanto, suas ações devem responder à garantia dos direitos da população e, neste sentido não podem ser formuladas nem implantadas segundo as normas e os preceitos de qualquer religião". ÁVILA. Direitos sexuais e reprodutivos, p. S469. Ver também: LIMA LOPES. O direito ao reconhecimento para gays e lésbicas, p. 79-80.

assegurar o respeito à dignidade humana no campo da sexualidade e conceber os direitos sexuais "como espaços onde sociedade civil e Estado mantêm-se autônomos diante das instituições religiosas, preservando o pluralismo e o respeito à diversidade";[240]

7. integrar direitos positivos e direitos negativos. Os direitos negativos referem-se à *liberdade de* e, os positivos, à *liberdade para*. Não há dúvida de que o exercício democrático da sexualidade exige a integração entre ambos: ao mesmo tempo em que os direitos sexuais protegem as pessoas de serem feridas, abusadas, violentadas (sentido negativo), eles também promovem a liberdade para a manifestação da diversidade, o respeito à pluralidade, a aceitação de si (sentido positivo). Mesmo em contextos democráticos, ainda é mais fácil aceitar os direitos negativos do que os positivos. Enquanto os primeiros sugerem livrar as pessoas de todo mal, os segundos parecem sugerir a abertura às diversas expressões de liberdade decorrentes de contextos plurais;[241]

8. afirmar o prazer como um dos significados intrínsecos da sexualidade e, portanto, como um direito positivo

---

[240] RIOS. Para um direito democrático da sexualidade, p. 95.
[241] PARKER, Richard; DI MAURO, Diane; FILIANO, Beth; GARCIA, Jonathan; MUÑOZ-LABOY, Miguel; SEMBER, Robert. Global Transformations and Intimate Relations in the 21st Century: Social Science Research on Sexuality and the Emergence of Sexual Health and Sexual Rights Frameworks. *Annual Review of Sex Research* 15 (2004): 362-398. Disponível em: https://www.researchgate.net/profile/Jonathan_Garcia2/publication/6874944_Global_transformations_and_intimate_relations_in_the_21st_century_Social_science_research_on_sexuality_and_the_emergence_of_sexual_health_and_sexual_rights_frameworks/links/576c280d08aef0e50da8c321/Global-transformations-and-intimate-relations-in-the-21st-century-Social-science-research-on-sexuality-and-the-emergence-of-sexual-health-and-sexual-rights-frameworks.pdf. Acesso em: 30 jan. 2021.

acessível a todas as pessoas, independentemente de gênero, estado civil e orientação sexual.[242] Para muitas pessoas, a vivência prazerosa da sexualidade é de grande importância para sua saúde sexual. Lottes tem razão quando afirma que "apesar dos esforços para unir prazer sexual e saúde, as pessoas não procuram relações sexuais para melhorar sua saúde".[243] Elas procuram tais relações por prazer físico e pelo potencial que elas têm de favorecer a intimidade psicológica. O direito ao prazer sexual não significa que ele, eticamente, possa ser buscado como fim; na sua condição de meio, o prazer serve sempre à realização das pessoas que ele envolve;

9. superar relativismos culturais quando o que está em jogo é uma concreta violação dos direitos das pessoas. Normas culturais muitas vezes são usadas para subestimar e silenciar pessoas mais vulneráveis, tais como mulheres, crianças, idosos, homossexuais, transexuais. Os direitos sexuais, uma vez confrontados com determinados contextos socioculturais, podem revelar quem, de fato, se beneficia com determinadas normas e quem perde; quais vozes são ouvidas e quais são silenciadas quando tais direitos são violados.[244] A cultura não pode ser usada para justificar ou encobrir práticas abusadoras e criminosas, que atentam contra a dignidade, autonomia, liberdade, igualdade e responsabilidade das pessoas. Nesse sentido,

---

242 IPPF, p. 14.

243 LOTTES. Sexual Rights: Meanings, Controversies, and Sexual Health Promotion, p. 380.

244 MULLINS, Greg. Sexual Rights: a New Politics of Recognition. Lecture Presented at the Latin American Center of Sexuality and Human Rights. Rio de Janeiro, 5 September 2005. Disponível em: http://www.clam.org.br/uploads/conteudo/gregmullins_eng.pdf. Acesso em: 30 jan. 2021.

os direitos sexuais podem contribuir para uma maior justiça social;
10. reconhecer a validade e até mesmo a necessidade de hierarquizar os direitos sexuais. Embora todos os direitos tenham a mesma importância, nem todos têm a mesma importância o tempo todo. Depende muito da situação em que as pessoas vivem. Hierarquizar tais direitos não significa relativizá-los, mas reconhecer que, na prática, nem todos podem ser prioritários ou ter a mesma urgência. É preciso considerar quais direitos estão sendo mais violados, quais precisam de mais recursos para serem implementados.[245]

De acordo com Richard Parker, "sem estar profundamente enraizada numa concepção de direitos sexuais e comprometida com eles, a promoção da saúde sexual nunca será eficaz".[246] Trata-se, portanto, da edificação de uma nova cultura, que priorize a educação em sexualidade como modo mais eficaz de combater a desigualdade, a discriminação, a indiferença, a exclusão, a violência e a injustiça e garantir, assim, os direitos de todos. É, portanto, obrigação ética plasmar uma nova humanidade e edificar uma nova cultura por meio de propostas educativas que assumam a sexualidade na sua totalidade e, simultaneamente, empenhar-se para que outros tipos de atuação, legais e sociais, garantam que as pessoas sejam respeitadas e tenham os seus direitos garantidos.

---

245 Vale ter presente, aqui, o que a Declaração da IPPF recorda no Princípio 2: "A garantia de direitos e a proteção a pessoas menores de dezoito anos diferem daqueles dos adultos e devem levar em consideração a capacidade individual de cada criança ou adolescente para exercer os direitos em seu próprio nome". IPPF, p. 13.
246 PARKER, Richard G. Sexuality, Health, and Human Rights. *American Journal of Public Health* 97/6 (2007): 973.

CONSIDERAÇÕES FINAIS

A reflexão proposta evidenciou que os direitos sexuais — compostos por um conjunto de direitos relacionados à sexualidade — emanam dos direitos humanos e constituem, junto com eles, a melhor categoria atual para expressar a dignidade e a causa do ser humano. Os direitos humanos são direitos subjetivos, enquanto se referem ao sujeito humano. Mas ao mesmo tempo são imprescritíveis, universais, irrenunciáveis. São, portanto, exigências ideais, que apontam para a realização mais plena da pessoa humana.

Para maior clareza sobre a relação que existe entre direitos humanos e direitos sexuais, reafirmamos que os direitos são sempre direitos históricos, que emergem gradualmente das lutas que homens e mulheres travam por sua própria emancipação e das transformações das condições de vida que essas lutas produzem. Dessa concepção deriva a responsabilidade de a comunidade internacional protegê-los e aperfeiçoá-los, mantê-los vivos e fazê-los crescer a partir de si mesmos. Num processo contínuo de desenvolvimento e amadurecimento, a Declaração de 1948 tem suscitado continuamente o compromisso internacional de promoção e defesa dos direitos de todos os seres humanos, especialmente das minorias e das pessoas que vivem em condição ou situação de maior vulnerabilidade por causa da própria identidade sexual ou da vivência da sua sexualidade. Os direitos sexuais são a expressão mais clara de que o que está em jogo não são apenas os direitos dos indivíduos, mas direitos da humanidade em seu conjunto e nos seus diferentes níveis.

Ainda em nome da maior clareza sobre a relação existente entre direitos humanos e direitos sexuais, evidenciamos a importância de considerar o lugar a partir de onde se elabora a reflexão ética sobre os direitos humanos, visto que ele condiciona a maneira de ver a realidade. Se a promoção do humano é um imperativo ético, esse lugar de onde se há de ler a Declaração de 1948 deve ser necessariamente o mundo dos mais vulneráveis e das minorias, devido à estreita relação entre vulnerabilidade-minorias e violação dos direitos humanos. Se os direitos sexuais, nascidos no contexto de luta e reivindicações dos movimentos feministas, foram, num primeiro momento, resultado das realidades sociais de discriminação sexista e de violência e das questões relativas à saúde reprodutiva, hoje são reivindicados como direitos de todos, isto é, *direito democrático da sexualidade*, e, por isso mesmo, devem contar com uma abordagem jurídica que responda aos desafios teóricos e práticos que as orientações, expressões, práticas e identidades associadas à sexualidade produzem no contexto das sociedades democráticas contemporâneas.

Analisando mais detalhadamente os direitos sexuais propostos pela World Association for Sexual Health (WAS), nos detivemos não tanto na perspectiva de proteção de identidades e liberdades particulares, mas na urgência de que todos tenham acesso a condições que permitam a expressão da sexualidade livre de qualquer forma de coerção, discriminação, injustiça ou violência. Evidenciamos, dessa forma, alguns critérios que constituem os fundamentos para um direito democrático da sexualidade:

1. a dignidade da pessoa é um *a priori* ético comum a todos os humanos; é, portanto, esse *a priori* que deve fazer com que sejam encontradas formulações jurídicas de direitos que permitam a realização da pessoa humana, livre e responsável;
2. o ser humano é um ser-histórico-em-relação, que se autocompreende e se constitui na relação com o outro; portanto, o respeito à sua dignidade acontece no mútuo reconhecimento e na responsabilidade recíproca;
3. os direitos humanos são a concretização do respeito à dignidade humana; portanto, eles constituem uma espécie de fronteira aquém da qual se cai na degradação e desumanização;
4. a sexualidade é um bem; portanto, enquanto bem — uma realidade pré-moral —, não depende da consideração do sujeito e deve ser defendida juridicamente;
5. os direitos sexuais são valores, isto é, qualidades do agir, e, por isso mesmo, essencialmente éticos; portanto, eles constituem uma espécie de proteção da sexualidade e possibilidade do seu exercício democrático;
6. os direitos sexuais, como ideais a serem alcançados, situam-se no campo do desejável; constituem, portanto, um caminho possível a ser percorrido por todos em vista de uma humanização maior;
7. os direitos sexuais são expressão do cuidado respeitoso em relação aos mais vulneráveis, às minorias mais propensas à exclusão; portanto, estão sujeitos à contínua renovação, sempre que surgirem situações que firam, machuquem e façam o outro sofrer por causa da sua identidade ou do modo de vivê-la;

8. o exercício dos direitos sexuais não é um direito absoluto; portanto, ele está sujeito às limitações determinadas pela lei que garantem o devido respeito aos direitos e liberdades de terceiros e ao bem-estar geral da sociedade democrática.

Acreditamos firmemente que a educação em sexualidade é o modo mais eficaz de combater a desigualdade, a discriminação, a indiferença, a exclusão, a violência e a injustiça; é, portanto, obrigação ética plasmar uma nova humanidade e edificar uma nova cultura por meio de propostas educativas que assumam a sexualidade na sua totalidade e, simultaneamente, empenhar-se para que outros tipos de atuação — legais e sociais — garantam que as pessoas sejam respeitadas e tenham os seus direitos garantidos. Trata-se de uma tarefa que envolve a vida toda por toda a vida!

REFERÊNCIAS BIBLIOGRÁFICAS

ABÍLIO, Adriana Galvão M. *Proteção constitucional, políticas de afirmação e o reconhecimento dos direitos LBGT*. Libertas, Revista de Pesquisa em Direito, Ouro Preto, 2/2 (2016): 75-97. Disponível em: https://www.periodicos.ufop.br/pp/index.php/libertas/article/view/414/387. Acesso em: 30 jan. 2021.

ADORNO, Rubens de Camargo Ferreira. Capacitação solidária: um olhar sobre os jovens e sua vulnerabilidade social. São Paulo: Associação de Apoio ao Programa Capacitação Solidária, 2001.

ALBERTI, Sonia (Org.). *A sexualidade na aurora do século XXI*. São Paulo: Cia. de Freud/ CAPES, 2008.

ALMEIDA, Miguel Vale de. Cidadania Sexual. Direitos Humanos, Homofobia e Orientação Sexual. *A Comuna* 5 (2004). Disponível em: http://miguelvaledealmeida.net/wp-content/uploads/2008/06/cidadania-sexual.pdf. Acesso em: 30 jan. 2021.

ANDOLSEN, Barbara H. Whose Sexuality? Whose Tradition? Women, Experience and Roman Catholic Sexual Ethics. In: GREEN, Ronald M. (Ed.). *Religion and Sexual Health:* Ethical, Theological and Clinical Perspectives. Boston: Kluwer Academic Publishers, 1992, p. 55-77.

ARDITA, Maria Grazia. Dignidade Humana. In: LEONE, Salvino; PRIVITERA, Salvatore; CUNHA, Jorge Teixeira da. *Dicionário de Bioética*. Vila Nova de Gaia, Portugal/Aparecida: Editorial Perpétuo Socorro/Santuário, 2001.

ÁVILA, Maria Betânia. Direitos sexuais e reprodutivos: desafios para as políticas de saúde. *Cadernos de Saúde Pública*, Rio de Janeiro, 19/Supl.2 (2003): S465-S469.

BAUMAN, Zygmunt; DONSKIS, Leonidas. *Cegueira Moral. A perda da sensibilidade na modernidade líquida*. Rio de Janeiro: Zahar, 2014.

BELL, David; BINNIE, John. *The Sexual Citizen*: Queer Politics and Beyond. Cambridge, England: Polity, 2000.

BLASIUS, Mark (Ed.). *Sexual Identities, Queer Politics*. Princeton, N.J.: Princeton University Press, 2001.

BOBBIO, Norberto. *A era dos direitos*. Tradução de Carlos Nelson Coutinho. Rio de Janeiro: Campos, 1992.

BOERSEMA, David. *Philosophy of Human Rights*. Theory and Practice. Boulder, CO: Westview Press, 2011.

BOFF, Leonardo. *Saber cuidar*. Ética do humano. Compaixão pela terra. Petrópolis: Vozes, 1999.

BRAGATO, Fernanda Frizzo; ADAMATTI, Bianka. Igualdade, não discriminação e direitos humanos. São legítimos os tratamentos diferenciados? *Revista de Informação Legislativa*, 51/204 (2014): 91-108.

BRANDÃO, Débora Vanessa Caús; PAULA, Fernando Shimidt de. O sexo e a lei. In: DIEHL, Alessandra; VIEIRA, Denise Leite (Orgs.). *Sexualidade*: do prazer ao sofrer. 2 ed. Rio de Janeiro: Roca, 2017, p. 531-546.

BRUCE, Katherine McFarland. *Pride Parades. How a Parade Changed the World*. New York: New York University Press, 2016.

BRUM, Eliane. Bolsonaro e a autoverdade.*El País* (16.07.2018). Disponível em: https://brasil.elpais.com/brasil/2018/07/16/politica/1531751001_113905.html. Acesso em: 30 jan. 2021.

BURGGRAEVE, Roger. De uma sexualidade responsável a uma sexualidade significativa: uma ética de crescimento como ética de misericórdia pelos jovens nesta era de AIDS. In:

KEENAN, James F. (Org.). *Eticistas católicos e prevenção da AIDS*. São Paulo: Loyola, 2006, p. 309-323.

CABAL, Luisa; ROA, Mônica; LEMAITRE, Julieta (Eds.). *Cuerpo y derecho*: legislación y jurisprudencia en América Latina. Bogotá: Editorial Temis, 2001.

CAHILL, Lisa Sowle. *Between the Sexes:* Foundations for a Christian Sexual Ethics. Philadelphia: Paulist Press, 1985.

CAMILLOTO, Bruno; CAMILLOTO, Ludmila. Tolerância liberal e pluralismo: uma crítica à heteronormatividade. *RDFG – Revista de Direito da Faculdade Guanambi* 4/1 (2017): 25-41.

CARBADO, Devon. Straight Out of the Closet. *Berkeley Women's Law Journal* 15/1 (2000): 77-124.

CAZELATTO, Caio Eduardo Costa; CARDIN, Valéria Silva Galdino. Das restrições à liberdade de expressão frente à violação dos direitos das minorias sexuais pelo discurso de ódio. *Conpedi Law Review,* Braga-Portugal, 3/2 (2017): 56-83.

CECCARELLI, Paulo Roberto. Novas configurações familiares: mitos e verdades. *Jornal de Psicanálise*, São Paulo, 40/72 (2007): 89-102.

CLARKE, Eric. *Virtuous Vice*: Homoeroticism and Public Sphere. Durham, N.C.: Duke University Press, 2000.

COMMITTEE ON ECONOMIC, SOCIAL AND CULTURAL RIGHTS. General Comment n°. 14: The Right to the Highest Attainable Standard of Health (Art. 12) Adopted at the Twenty-second Session of the Committee on Economic, Social and Cultural Rights, on 11 August 2000 (Contained in Document E/C.12/2000/4). Disponível em: https://www.refworld.org/pdfid/4538838d0.pdf. Acesso em: 30 jan. 2021.

COMPARATO, Fábio Konder. Ética. Direito, moral e religião no mundo moderno. São Paulo: Companhia das Letras, 2006.

CONFERÊNCIA MUNDIAL SOBRE OS DIREITOS DO HOMEM. *Declaração de Viena e Programa de Ação*. Nota do Secretariado. Disponível em: http://www.dhnet.org.br/direitos/anthist/viena/viena.html. Acesso em: 30 jan. 2021.

CORRÊA, Sonia; ALVES, José Eustáquio Diniz; JANNUZZI, Paulo de Martino. Direitos e saúde sexual e reprodutiva: marco teórico-conceitual e sistema de indicadores. In: CAVENAGHI, Suzana (Org.). *Indicadores municipais de saúde sexual e reprodutiva*. Rio de Janeiro: ABEP, Brasília: UNFPA, 2006, p. 27-62.

CORRÊA, Sonia; ÁVILA, Maria Betânia. Direitos sexuais e reprodutivos. Pauta global e percursos brasileiros. In: BERQUÓ, Elza S. (Org.). *Sexo & Vida*: Panorama da saúde reprodutiva no Brasil. Campinas: UNICAMP, 2003, p. 17-78.

CORRÊA, Sonia; HOWE, Cymene. Global Perspectives on Sexual Rights. In: HERDT, Gilbert; HOWE, Cymene (Eds.). *21st Century Sexualities:* Contemporary Issues in Health, Education, and Rights. New York: Routledge, 2007, p. 170-173.

CORRÊA, Sonia; PETCHESKY, Rosalind. Reproductive and Sexual Rights: a Feminist Perspective. In: SEN, Gita; GERMAIN, Adrienne; CHEN, Lincoln (Eds.). *Population Policies Reconsidered:* Health, Empowerment, and Rights. Boston: Harvard School of Public Health, 1994, p. 107-123.

_____. Direitos Sexuais e Reprodutivos: uma perspectiva feminista. *PHYSIS – Revista de Saúde Coletiva,* Rio de Janeiro 6/1-2 (1996): 147-177.

COSTA, Ronaldo Pamplona da. *Os onze sexos*. As múltiplas faces da sexualidade humana. 4 ed. São Paulo: Kondo, 2005.

DACQUINO, Giacomo. *Viver o prazer*. São Paulo: Paulinas, 1992.

DALY, Lois K. (Ed.). *Feminist Theological Ethics*. A Reader. Louisville: Westminster John Knox Press, 1994.

DE CLERCQ, Eva. *Etica del gender*. Lavis: Morcelliana, 2018.

DÈTTORE, Davide; LAMBIASE, Emiliano. *La fluidità sessuale*. La varianza dell'orientamento e del comportamento sessuale. Roma: Alpes Italia, 2011.

DIAS, Alfrâncio F.; SANTOS, Elza F.; CRUZ, Maria Helena S. (Orgs.). *Gênero e sexualidades: entre invenções e desarticulações*. Aracaju: IFS, 2017.

DIEHL, Alessandra; VIEIRA, Denise Leite (Orgs.). *Sexualidade*: do prazer ao sofrer. 2 ed. Rio de Janeiro: Roca, 2017.

DINIZ, Debora; MEDEIROS, Marcelo; MADEIRO, Alberto. Pesquisa Nacional de Aborto 2016. *Ciência & Saúde Coletiva* 22/2 (2017): 653-660.

ELLISON, Marvin M. *Making Love Just*. Sexual Ethics for Perplexing Times. Minneapolis: Fortress Press, 2012.

_____. *Erotic justice*. A Liberating Ethic of Sexuality. Louisville: Westminster John Knox Press, 1996.

EVANS, David T. *Sexual Citizenship*: the Material Construction of Sexualities. London: Routledge, 1993.

FARLEY, Margaret A. *Just Love*. A Framework for Christian Sexual Ethics. New York: Continuum, 2006.

_____. An Ethic for Same-Sex Relations. In: NUGENT, Robert (Ed.). *A Challenge to Love:* Gay and Lesbian Catholics in the Church. New York: Crossroad, 1987, p. 93-106.

FIGUEIRÓ, Mary Neide Damico. *Educação Sexual*. Retomando uma proposta, um desafio. 3 ed. Londrina: Eduel, 2010.

FROSSARD, Heloísa (Org.). *Instrumentos Internacionais de Direitos das Mulheres*. Brasília: Secretaria Especial de Política para as Mulheres, 2006, p. 33-138. Disponível em: https://assets-compromissoeatitude-ipg.sfo2.digitaloceanspaces.com/2012/08/SPM_instrumentosinternacionaisdireitosdasmulheres.pdf. Acesso em: 30 jan. 2021.

GENOVESI, Vincent J. *Em busca do amor*: moralidade católica e sexualidade humana. São Paulo: Loyola, 2008.

GOLDBERG, Maria Amélia Azevedo. *Educação sexual:* uma proposta, um desafio. 4 ed. São Paulo: Cortez, 1988.

GONÇALVES, Ana Cristina Canosa; RIBEIRO, Marcos; ZACHARIAS, Ronaldo. Olhando para o futuro: educação e prevenção em saúde sexual. In: DIEHL, Alessandra; VIEIRA, Denise Leite (Orgs.). *Sexualidade:* do prazer ao sofrer. 2 ed. Rio de Janeiro: Roca, 2017, p. 659-660.

GRACIA, Diego (Coord.). Ética y ciudadanía. Construyendo la ética. v. 1. Boadilla del Monte (Madrid), 2016.

GRACIA, Diego (Coord.). Ética y ciudadanía. Deliberando sobre valores. v. 2. Boadilla del Monte (Madrid), 2016.

_____. *Bioética Clínica.* Bogotá: Editorial El Búho, 2001.

GRACIA, Diego; ANTONIO MARTINEZ, José. Construyendo los deberes y los derechos humanos. In: GRACIA, Diego (Coord.). Ética y ciudadanía. Deliberando sobre valores. v. 2. Boadilla del Monte (Madrid), 2016, p. 86-110.

_____. El componente normativo de la ética y su relación con el derecho. In: GRACIA, Diego (Coord.). Ética y ciudadanía. Deliberando sobre valores. v. 2. Boadilla del Monte (Madrid), 2016, p. 125-138.

GUARNIERI, Tathiana H. Os direitos das mulheres no contexto internacional. Da criação da ONU (1945) à Conferência de Beijing (1995). *Revista Eletrônica da Faculdade Metodista Granbery.* Curso de Direito, n. 8 (2010): 1-28. Disponível em: http://re.granbery.edu.br/artigos/MzUx.pdf. Acesso em: 30 jan. 2021.

GRAUPNER, Helmut; TAHMINDJIS, Phillip (Eds.). *Sexuality and Human Rights.* Binghamton, NY: Harrington Park Press, 2005.

GREELY, Henry T. *The End of Sex and the Future of Human Reproduction.* Cambridge: Harvard University Press, 2016.

GUDORF, Christine E. *Body, Sex, and Pleasure:* Reconstructing Christian Sexual Ethics. Cleveland: Pilgrim Press, 1994.

HARTWIG, Michael J. *The Poetics of Intimacy and the Problem of Sexual Abstinence.* New York: Peter Lang, 2000.

HEKMA, Gert. Sexual Citizenship. In: glbtqarchive.com (2004). Disponível em: http://www.glbtqarchive.com/ssh/sexual_citizenship_S.pdf. Acesso em: 30 jan. 2021.

HELLUM, Anne (Ed.). *Human Rights, Sexual Orientation, and Gender Identity.* New York: Routledge, 2016.

HERDT, Gilbert; HOWE, Cymene (Eds.). *21st Century Sexualities*: Contemporary Issues in Health, Education, and Rights. New York: Routledge, 2007.

HEYWARD, Carter. *Touching our Strength:* the Erotic as Power and the Love of God. San Francisco: Harper & Row, 1989.

HUNT, Mary. *Fierce Tenderness:* a Feminist Theology of Friendship. New York: Crossroad, 1991.

INTERNATIONAL CONFERENCE ON HUMAN RIGHTS. Proclamation of Teheran, Final Act of the International Conference on Human Rights, Teheran, 22 April to 13 May 1968, U.N. Doc. A/CONF. 32/41 at 3 (1968). Disponível em: http://hrlibrary.umn.edu/instree/l2ptichr.htm. Acesso em: 30 jan. 2021.

INTERNATIONAL LESBIAN, GAY, BISEXUAL, TRANS AND INTERSEX ASSOCIATION: LUCAS RAMÓN MENDOS. *State-Sponsored Homophobia 2019.* Geneva: ILGA, 2019. Disponível em: https://ilga.org/downloads/ILGA_State_Sponsored_Homophobia_2019_light.pdf. Acesso em: 30 jan. 2021.

INTERNATIONAL PLANNED PARENTHOOD FEDERATION (IPPF). *Direitos sexuais*: uma declaração da IPPF / IPPF - International Planned Parenthood Federation. Rio de Janeiro: BEMFAM, 2009. Disponível em: http://www.apf.pt/sites/default/files/media/2015/direitos_sexuais_ippf.pdf. Acesso em: 30 jan. 2021.

INTERNATIONAL PLANNED PARENTHOOD FEDERATION (IPPF). *Exclaim! Young People's Guide to 'Sexual Rights: an IPPF Declaration'* (2012). Disponível em: https://www.ippf.org/sites/default/files/ippf_exclaim_lores.pdf. Acesso em: 30 jan. 2021.

JESUS, Ana Márcia Guilhermina de; OLIVEIRA, José Lisboa Moreira de. *Teologia do prazer.* São Paulo: Paulus, 2014.

JONAS, Hans. *The Sacredness of the Person*. A New Genealogy of Human Rights. Washington: Georgetown University Press, 2013.

JUNG, Patricia Beattie; SMITH, Ralph F. *Heterosexism*. An Ethical Challenge. Albany: State University of New York Press, 1993.

JUNGES, José Roque. *Bioética*: Hermenêutica e Casuística. São Paulo: Loyola, 2006.

_____. *Bioética*. Perspectivas e desafios. São Leopoldo: UNISINOS, 1999.

KAPLAN, Morris. *Sexual Justice*: Democratic Citizenship and the Politics of Desire. New York: Routledge, 1997.

KELLY, Kevin T. *New Directions in Sexual Ethics:* Moral Theology and the Challenge of AIDS. London/Washington: Geoffrey Chapman, 1998.

KIRKENDALL, Lester. *A New Bill of Sexual Rights and Responsibilities.* Buffalo: Prometheus Book, 1976.

KISMÖDI, Eszter; CORONA, Esther; MATICKA-TYNDALE, Eleanor; RUBIO-AURIOLES, Eusebio; COLEMAN, Eli. Sexual Rights as Human Rights: A Guide for the WAS Declaration of Sexual Rights. *International Journal of Sexual Health* 29/51 (2017): 1-92.

LA TAILLE, Yves de. *Moral e ética*: dimensões intelectuais e afetivas. Porto Alegre: Artmed, 2006.

LEBACQZ, Karen. Appropriate Vulnerability: a Sexual Ethic for Singles. *The Christian Century* 104/15 (May 6, 1987): 435-438.

LENNOX, Corinne; WAITES, Matthew (Eds.). *Human Rights, Sexual Orientation and Gender Identity in the Commonwealth*: Struggles for Decriminalization and Change. London: Institute of Commonwealth Studies, 2013.

LIMA, Anderson Petilde; RANGEL, Tauã Lima Verdan. Direitos sexuais em pauta: do reconhecimento da fundamentalidade da sexualidade. *Revista Âmbito Jurídico* 163, ano XX (Agosto/2017).

Disponível em: http://www.ambitojuridico.com.br/edicoes/revista-163/direitos-sexuais-em-pauta-do-reconhecimento-da-fundamentalidade-da-sexualidade/. Acesso em: 30 jan. 2021.

LIMA, Anderson Petilde; RANGEL, Tauã Lima Verdan. Sexualidade, direito e dignidade da pessoa humana: o reconhecimento da liberdade sexual como integrante do mínimo existencial. *Revista Âmbito Jurídico* 162, ano XX (Julho/2017). Disponível em: http://www.ambito-juridico.com.br/site/?n_link=revista_artigos_leitura&artigo_id=19196&revista_caderno=6. Acesso em: 30 jan. 2021.

LIMA LOPES, José Reinaldo de. O direito ao reconhecimento para gays e lésbicas. *SUR, Revista Internacional de Direitos Humanos*, São Paulo 2/2 (2005): 64-95.

LISTER, Ruth. Sexual Citizenship. In: ENGIN, F. Isin; TURNER, Bryan S. (Eds.). *Handbook of Citizenship Studies*. London: Sage, 2002, p. 191-207.

LÓPEZ AZPITARTE, Eduardo. *La crisis de la moral*. Maliaño (Cantabria): Sal Terrae, 2014.

_____. *Fundamentação da ética cristã*. São Paulo: Paulus, 1995.

LOTTES, Ilsa L. Sexual Rights: Meanings, Controversies, and Sexual Health Promotion. *Journal of Sex Research* 50/3-4 (2013): 367-391.

MAGUIRE, Daniel C. The Primacy of Justice in Moral Theology. *Horizons* 10 (1983): 72-85.

MARTINA, Luigi Piero. *Diritti di Genere?* Aspetti giuridici, fisiologici e politici. Città del Vaticano: Pontificia Universitas Lateranensis, 2017.

MARTINS, Alexandre Andrade. *Bioética, saúde e vulnerabilidade:* em defesa da dignidade dos vulneráveis. São Paulo: Paulus, 2012.

MATTAR, Laura Davis. Reconhecimento jurídico dos direitos sexuais – uma análise comparativa com os direitos reprodutivos. *SUR: Revista Internacional de Direitos Humanos*, São Paulo 5/8 (2008): 60-83.

McCORMICK, Naomi. *Sexual Salvation:* Affirming Women's Sexual Rights and Pleasures. Westport, CT: Praeger, 1994.

MENDES, Gilmar Ferreira; BRANCO, Paulo Gustavo Gonet. *Curso de direito constitucional.* 7 ed. São Paulo: Saraiva, 2012.

MIGUEL, Luis Felipe; BIROLI, Flávia. *Feminismo e Política.* São Paulo: Boitempo, 2014.

MILLER, Alice. Sexual But Not Reproductive: Exploring the Juncture and Disjuncture of Sexual and Reproductive Rights. *Health and Human Rights* 4/2 (2000): 69-109.

MILLER, Alice M.; VANCE, Carole S. Sexuality, Human Rights, and Health. *Health and Human Rights* 7 (2004): 5-15.

MONSALVE, Viviana Bohórquez; ROMÁN, Javier Aguirre. As tensões da dignidade humana: conceituação e aplicação no direito internacional dos direitos humanos. *SUR. Revista Internacional de Direitos Humanos,* São Paulo 6/11 (2009): 40-63.

MOREIRA, Adilson José. *Cidadania sexual*: estratégia para ações inclusivas. Belo Horizonte: Arraes Editores, 2017.

_____. Cidadania Sexual: Postulado Interpretativo da Igualdade. *Direito, Estado e Sociedade* 48 (2016): 10-46.

MOSER, Antônio. *O enigma da esfinge:* a sexualidade. Petrópolis: Vozes, 2001.

_____. *Casado ou solteiro, você pode ser feliz.* Petrópolis: Vozes, 2006.

MULLINS, Greg. Sexual Rights: a New Politics of Recognition. Lecture Presented at the Latin American Center of Sexuality and Human Rights. Rio de Janeiro, 5 September 2005. Disponível em: http://www.clam.org.br/uploads/conteudo/gregmullins_eng.pdf. Acesso em: 30 jan. 2021.

OLYAN, Saul M.; NUSSBAUM, Martha C. *Sexual Orientation & Human Rights in American Religious Discourse.* Oxford: Oxford University Press, 1998.

ONU MULHERES. Documentos de referência. Disponível em: http://www.onumulheres.org.br/onu-mulheres/documentos-de-referencia/. Acesso em: 30 jan. 2021.

ORGANIZAÇÃO DAS NAÇÕES UNIDAS. *Convenção sobre os direitos da criança* (20.11.1989). Disponível em: http://www.planalto.gov.br/ccivil_03/decreto/1990-1994/D99710.htm. Acesso em: 30 jan. 2021.

_____. *Convenção sobre a eliminação de todas as formas de discriminação contra a mulher — CEDAW, 1979*. In: FROSSARD, Heloísa (Org.). *Instrumentos Internacionais de Direitos das Mulheres*. Brasília: Secretaria Especial de Política para as Mulheres, 2006, p. 13-32. Disponível em: https://assets-compromissoeatitude-ipg.sfo2.digitaloceanspaces.com/2012/08/SPM_instrumentosinternacionaisdireitosdasmulheres.pdf. Acesso: em 30 jan. 2021.

ORGANIZAÇÃO DAS NAÇÕES UNIDAS. *Convenção internacional sobre a eliminação de todas as formas de discriminação racial* (Resolução n.º 2.106-A, de 21 de dezembro de 1965), Art. 1º, §1. Disponível em: https://www2.camara.leg.br/atividade-legislativa/comissoes/comissoes-permanentes/cdhm/comite-brasileiro-de-direitos-humanos-e-politica-externa/ConvIntElimTodForDiscRac.html. Acesso em: 30 jan. 2021.

_____. *Declaração do Milênio*. Cimeira do Milênio, Nova Iorque, 6-8 de setembro de 2000. Lisboa: United Nations Information Centre, 2001. Disponível em: https://www.unric.org/html/portuguese/uninfo/DecdoMil.pdf. Acesso em: 30 jan. 2021.

_____. *Declaração e Plataforma de Ação da IV Conferência Mundial sobre a Mulher — Pequim, 1995*. In: FROSSARD, Heloísa (Org.). *Instrumentos Internacionais de Direitos das Mulheres*. Brasília: Secretaria Especial de Política para as Mulheres, 2006, p. 147-258. Disponível em: https://assets-compromissoeatitude-ipg.sfo2.digitaloceanspaces.com/2012/08/SPM_instrumentosinternacionaisdireitosdasmulheres.pdf. Acesso em: 30 jan. 2021.

_____. *Relatório da Conferência Internacional sobre População e Desenvolvimento — Plataforma de Cairo, 1994*. In: FROSSARD, Heloísa (Org.). *Instrumentos Internacionais de Direitos das Mulheres*. Brasília: Secretaria Especial de Política para as Mulheres, 2006, p. 33-138. Disponível em: https://assets-compromissoeatitude-ipg.sfo2.digitaloceanspaces.com/2012/08/SPM_instrumentosinternacionaisdireitosdasmulheres.pdf. Acesso em: 30 jan. 2021.

ORGANIZAÇÃO DAS NAÇÕES UNIDAS. *Relatório sobre os Objetivos de Desenvolvimento do Milênio, 2015*. New York, 2015. Disponível em: https://www.unric.org/pt/images/stories/2015/PDF/MDG2015_PT.pdf. Acesso em: 30 jan. 2021.

_____. Transformando Nosso Mundo: A Agenda 2030 para o Desenvolvimento Sustentável. New York, 2015. Disponível em: https://nacoesunidas.org/pos2015/agenda2030/. Acesso em: 30 jan. 2021.

ORGANIZAÇÃO DOS ESTADOS AMERICANOS. *Convenção Interamericana para Prevenir, Punir e Erradicar a Violência contra a Mulher — Convenção de Belém do Pará, 1994*. In: FROSSARD, Heloísa (Org.). *Instrumentos Internacionais de Direitos das Mulheres*. Brasília: Secretaria Especial de Política para as Mulheres, 2006, p. 139-146. Disponível em: Disponível em: https://assets-compromissoeatitude-ipg.sfo2.digitaloceanspaces.com/2012/08/SPM_instrumentosinternacionaisdireitosdasmulheres.pdf. Acesso em: 30 jan. 2021.

ORIEL, Jennifer. Sexual Pleasure as a Human Right: Harmful or Helpful to Women in the Context of HIV/AIDS? *Women's Studies International Forum* 28/5 (2005): 392-404.

PAN AMERICAN HEALTH ORGANIZATION, REGIONAL OFFICE OF THE WORLD HEALTH ORGANIZATION. *Promotion of Sexual Health:* Recommendations for Action. Washington, DC: PAHO, 2000.

PARKER, Richard G. Sexuality, Health, and Human Rights. *American Journal of Public Health* 97/6 (2007): 972-973.

PARKER, Richard; BARBOSA, Regina M.; AGGLETON, Peter (Eds.). *Framing the Sexual Subject*: the Politics of Gender, Sexuality and Power. Berkeley: University of California Press, 2000.

PERES, Wiliam Siqueira. Juventudes, diversidades sexuais e processos de subjetivação. In: PESSINI, Leo; ZACHARIAS, Ronaldo (Orgs.). Ética Teológica e Juventudes. Interpelações recíprocas. Aparecida: Santuário, 2013, p. 51-84.

PETCHESKY, Rosalind P. Rights and Needs: Rethinking the Connections in Debates Over Reproductive and Sexual Rights. *Health and Human Rights* 4/2 (2000): 17-30.

PIANA, Giannino. Sexualidade. In: LEONE, Salvino; PRIVITERA, Salvatore; CUNHA, Jorge Teixeira da (Coords.). *Dicionário de Bioética*. Vila Nova de Gaia (Portugal)/Aparecida: Editorial Perpétuo Socorro/Santuário, 2001, p. 1021-1024.

PRINCÍPIOS DE YOGYAKARTA. Princípios sobre a aplicação da legislação internacional de Direitos Humanos em relação à orientação sexual e identidade de gênero, julho de 2007. Disponível em: http://www.dhnet.org.br/direitos/sos/gays/principios_de_yogyakarta.pdf. Acesso em: 30 jan. 2021.

RAMOS, Marcelo M.; NICOLI, Pedro A. G.; ALKMIN, Gabriela C. (Orgs.). *Gênero, sexualidade e direitos humanos:* perspectivas multidisciplinares. Belo Horizonte: Initia Via, 2017.

REISS, Ira. *Journey Into Sexuality:* an Exploratory Voyage. Englewood Cliffs, NJ: Prentice-Hall, 1986.

RENAUD, Michel. A dignidade do ser humano como fundamentação ética dos direitos do homem. *Brotéria* 148 (1999): 135-154.

RIBEIRO, Paula R. Costa; MAGALHÃES, Joanalira C. (Orgs.). *Debates contemporâneos sobre Educação para a Sexualidade.* Rio Grande: FURG, 2017.

RICHARDSON, Diane. Constructing Sexual Citizenship: Theorizing Sexual Rights. *Critical Social Policy* 20/1 (2000): 105-135.

RICHARDSON, Diane. *Rethinking Sexuality.* London: Sage, 2000.

_____. Sexuality and Citizenship. *Sociology* 32/1 (1998): 83-100.

RIOS. Roger Raupp. Para um direito democrático da sexualidade. *Horizontes Antropológicos,* Porto Alegre, 12/26 (2006): 71-100.

RIOS. Roger Raupp. *Direito da antidiscriminação*: discriminação direta, indireta e ações afirmativas. Porto Alegre: Livraria do Advogado Editora, 2008.

ROCHA, Cármen Lúcia Antunes. Comentário ao Artigo 3º. In: ORDEM DOS ADVOGADOS DO BRASIL: COMISSÃO NACIONAL DE DIREITOS HUMANOS. *50 Anos da Declaração Universal dos Direitos Humanos 1948-1998.* Conquistas e Desafios. Brasília: OAB, 1998. Disponível em: https://stf.jusbrasil.com.br/noticias/361427/dudh-ministra-carmen-lucia-fala-do-direito-a-vida-a-liberdade-e-a-seguranca-pessoal. Acesso em: 30 jan. 2021.

ROSOSTOLATO, Breno. Sexualidade e violência: as facetas da banalidade do mal. In: CANOSA, Ana Cristina; ZACHARIAS, Ronaldo; KOEHLER, Sonia Maria Ferreira (Orgs.). *Sexualidades e violências.* Um olhar sobre a banalização da violência no campo da sexualidade. São Paulo: Ideias & Letras, 2019, p. 29-49.

ROSOSTOLATO, Breno; TELLES, Carlos José Fernandes. *Estupro marital.* Um estudo sócio-histórico de uma violência doméstica, sexual e de gênero. Rio de Janeiro: Metanoia, 2020.

RUGGERI, Antonio. Dignità umana: biogiuridica. In: RUSSO, Giovanni (A cura di). *Nuova enciclopedia di bioetica e sessuologia.* Torino: Elledici, 2018, p. 769-776.

RUSSO, Giovanni (a cura di). *Nuova enciclopedia di bioetica e sessuologia.* Torino: Elledici, 2018.

SALZMAN, Todd A.; LAWLER, Michael G. *A pessoa sexual.* Por uma antropologia católica renovada. São Leopoldo: UNISINOS, 2012.
SCHOCKENHOFF, Eberhard. *Natural Law & Human Dignity.* Universal Ethics in a Historical World. Washington: The Catholic University of America Press, 2003.
SILVA, Márcia Alves da (Org.). *Gênero e diversidade: debatendo identidades.* São Paulo: Perse, 2016.
SOUZA, Regina Cirino Alves Ferreira de. *Crimes de Ódio:* racismo, feminicídio e homofobia. Belo Horizonte: Editora D'Plácido, 2018.
STEIN, Edward. *The Mismeasure of Desire.* The Science, Theory, and Ethics of Sexual Orientation. New York: Oxford University Press, 1999.
TALBOT, Susie. Advancing Human Rights in Patient Care Through Strategic Litigation: Challenging Medical Confidentiality Issues in Countries in Transition. *Health and Human Rights* 15/2 (2013): 69-79. Disponível em: https://www.hhrjournal.org/2013/12/advancing-human-rights-in-patient-care-through-strategic-litigation-challenging-medical-confidentiality-issues-in-countries-in-transition/. Acesso em: 30 jan. 2021.
TEIXEIRA FILHO, Fernando Silva; PERES, Wiliam Siqueira; RONDINI, Carina Alexandra; SOUZA, Leonardo Lemos de (Orgs.). *Queering:* problematizações e insurgências na Psicologia Contemporânea. Cuiabá: EduFMT, 2013.
THE YOGYAKARTA PRINCIPLES PLUS 10. Additional Principles and State Obligations on the Application of International Human Rights Law in Relation to Sexual Orientation, Gender Identity, Gender Expression and Sex Characteristics to Complement the Yogyakarta Principles as Adopted on 10 November 2017, Geneva. Disponível em: http://www.yogyakartaprinciples.org/wp-content/uploads/2017/11/A5_yogyakartaWEB-2.pdf. Acesso em: 30 jan. 2021.

TORRES, Fernando. Direitos Humanos. In: VIDAL, Marciano. Ética Teológica: Conceitos Fundamentais. Petrópolis: Vozes, 1999, p. 610-626.

TRAINA, Cristina L. H. Ideais papais, realidades conjugais: uma perspectiva a partir da base. In: JUNG, Patricia Beattie; CORAY, Joseph Andrew (Orgs.). *Diversidade sexual e catolicismo*. Para o desenvolvimento da teologia moral. São Paulo: Loyola, 2005, p. 299-318.

UNESCO. *Orientações técnicas de educação em sexualidade para o cenário brasileiro*: tópicos e objetivos de aprendizagem. Brasília: UNESCO, 2014.

UNITED NATIONS EDUCATIONAL, SCIENTIFIC AND CULTURAL ORGANIZATION (UNESCO). *International Technical Guidance on Sexuality Education. An Evidence-Informed Approach.* Revised edition. Geneva: UNESCO, 2018. Disponível em: https://www.unaids.org/sites/default/files/media_asset/ITGSE_en.pdf. Acesso em: 30 jan. 2021.

UNITED NATIONS. GENERAL ASSEMBLY. Declaration on the Elimination of Discrimination Against Women (07.11.1967). Disponível em: http://www.un-documents.net/a22r2263.htm. Acesso em: 30 jan. 2021.

UNITED NATIONS. HUMAN RIGHTS. *Convention Against Torture and Other Cruel, Inhuman or Degrading Treatment or Punishment* (10.12.1984). Disponível em: https://www.ohchr.org/en/professionalinterest/pages/cat.aspx. Acesso em: 30 jan. 2021.

_____. Resolution Adopted by the General Assembly on 2 July 2010 (49-90). Disponível em: http://www.un.org/ga/search/view_doc.asp?symbol=A/RES/64/289. Acesso em: 30 jan. 2021.

UNITED NATIONS. Report of the World Conference of the International Women's Year (Mexico City, 19 June-2 July 1975). New York, 1976. Disponível em: http://www.un.org/womenwatch/daw/beijing/otherconferences/

Mexico/Mexico%20conference%20report%20optimized. pdf. Acesso em: 30 jan. 2021.

UNITED NATIONS. Report of the World Conference of the United Nations Decade for Women: Equality, Development and Peace (Copenhagen, 14 to 30 July 1980). New York, 1980. Disponível em: http://www.onumulheres.org.br/wp-content/uploads/2015/03/relatorio_conferencia_copenhagem.pdf. Acesso em: 30 jan. 2021.

_____. Report of the World Conference to Review and Appraise the Achievements of the United Nations Decade for Women: Equality, Development and Peace (Nairobi, 15-26 July 1985). New York, 1986. Disponível em: http://www.onumulheres.org.br/wp-content/uploads/2015/03/relatorio_conferencia_nairobi.pdf. Acesso em: 30 jan. 2021.

UNITED NATIONS POPULATION FUND; DANISH INSTITUTE FOR HUMAN RIGHTS; OFFICE OF THE HIGH COMMISSIONER. *Reproductive Rights Are Human Rights. A Handbook For National Human Rights Institutions.* New York: United Nations, 2014. Disponível em: https://www.ohchr.org/documents/publications/nhrihandbook.pdf. Acesso em: 30 jan. 2021.

VACEK, Edward C. *Love, Human and Divine:* the Heart of Christian Ethics. Washington: Georgetown University Press, 1994.

VALADIER, P. Le légal et le moral dans une société pluraliste. *Projet* 111 (1977): 78-91.

VENTURA, Miriam (Org.). *Direitos sexuais e direitos reprodutivos na perspectiva dos direitos humanos*: síntese para gestores, legisladores e operadores do direito. Rio de Janeiro: Advocaci, 2003.

VIDAL, Marciano. Ética da sexualidade. Tradução de Maria Stela Gonçalves. São Paulo: Loyola, 2017.

VIEIRA, Tereza Rodrigues (Org.). *Minorias sexuais*: Direitos e preconceitos. Brasília: Consulex, 2012.

WALTERS, Margaret. *Feminism:* a Very Short Introduction. Nova York: Oxford, 2005.

WEEKS, Jeffrey. The Sexual Citizen. *Theory, Culture and Society* 15/3-4 (1998): 35-52.

WILSON, Angelia R. The 'Neat Concept' of Sexual Citizenship: a Cautionary Tale for Human Rights Discourse. *Contemporary Politics* 15/1 (2009): 73-85.

WOODHEAD, Linda. Sex in a Wider Context. In: DAVIES, Jon; LOUGHLIN, Gerard (Eds.). *Sex These Days:* Essays on Theology Sexuality and Society. Sheffield: Sheffield Academic Press, 1997, p. 98-120.

WORLD ASSOCIATION FOR SEXUAL HEALTH (WAS). *Declaration of Sexual Rights* (2014). Disponível em: http://www.worldsexology.org/wp-content/uploads/2013/08/declaration_of_sexual_rights_sep03_2014.pdf. Acesso em: 30 jan. 2021.

_____. *Declaração dos Direitos Sexuais.* Tradução de Jaqueline Brendler e Márcia Rocha. Revisão feita por Oswaldo M. Rodrigues Jr. Disponível em: Disponível em: http://www.worldsexology.org/wp-content/uploads/2013/08/DSR-Portugese.pdf. Acesso em: 30 jan. 2021.

_____. Defining Sexual Health: Report of a Technical Consultation on Sexual Health, 28-31 January 2002, Geneva. Geneva: WHO, 2006, p. 5. Disponível em: https://www.who.int/reproductivehealth/publications/sexual_health/defining_sexual_health.pdf. Acesso em: 30 jan. 2021.

WORLD ASSOCIATION FOR SEXUAL HEALTH (WAS). *Developing Sexual Health Programmes:* a Framework for Action. Geneva: World Health Organization, 2010. Disponível em: https://apps.who.int/iris/bitstream/handle/10665/70501/WHO_RHR_HRP_10.22_eng.pdf;jsessionid=0C-340074F6D72BF6D37729D11DB42D48?sequence=1. Acesso em: 30 jan. 2021.

WORLD ASSOCIATION FOR SEXUAL HEALTH (WAS). *Eliminating Forced, Coercive and Otherwise Involuntary Ste-*

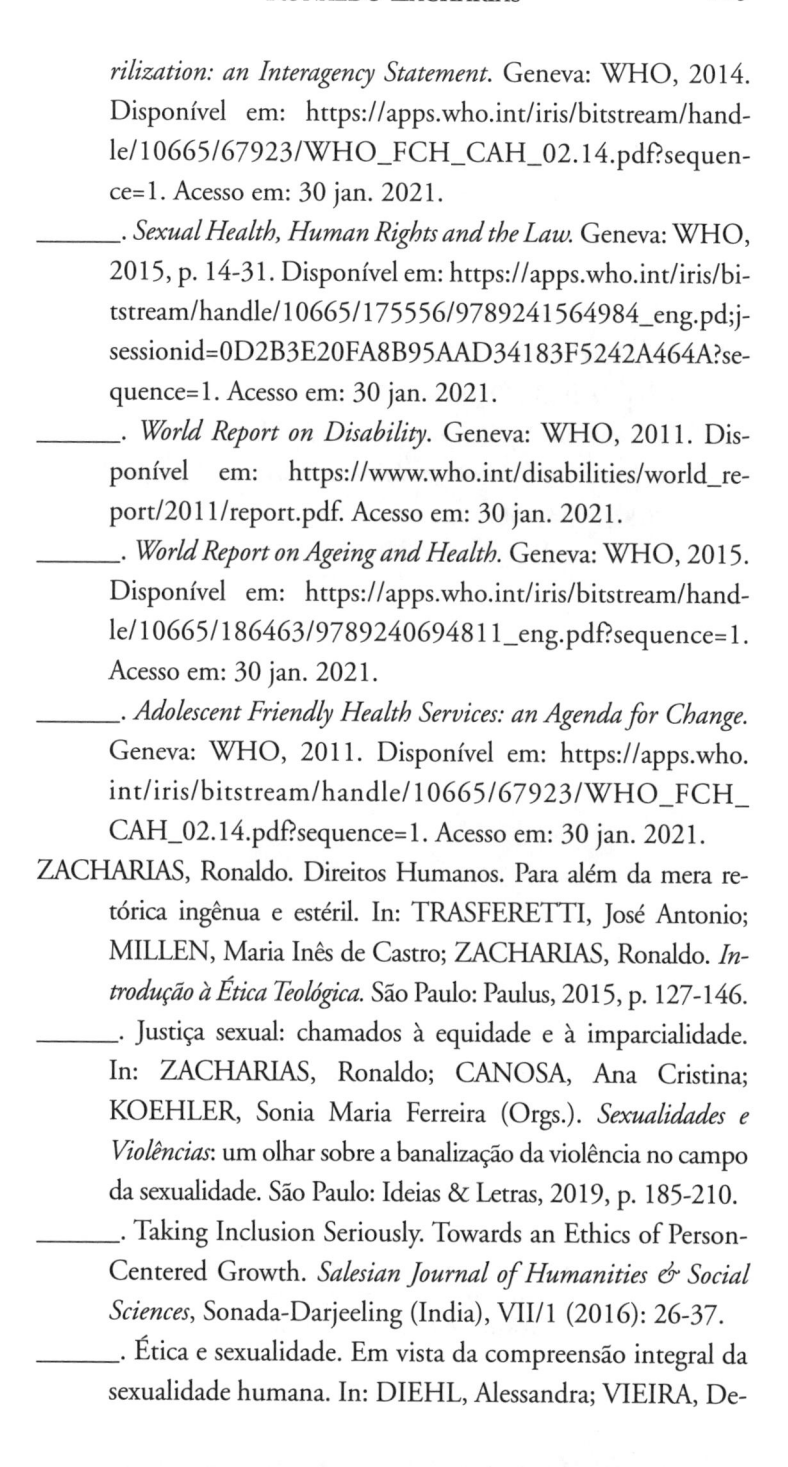

rilization: an Interagency Statement. Geneva: WHO, 2014. Disponível em: https://apps.who.int/iris/bitstream/handle/10665/67923/WHO_FCH_CAH_02.14.pdf?sequence=1. Acesso em: 30 jan. 2021.

_____. *Sexual Health, Human Rights and the Law.* Geneva: WHO, 2015, p. 14-31. Disponível em: https://apps.who.int/iris/bitstream/handle/10665/175556/9789241564984_eng.pd;jsessionid=0D2B3E20FA8B95AAD34183F5242A464A?sequence=1. Acesso em: 30 jan. 2021.

_____. *World Report on Disability.* Geneva: WHO, 2011. Disponível em: https://www.who.int/disabilities/world_report/2011/report.pdf. Acesso em: 30 jan. 2021.

_____. *World Report on Ageing and Health.* Geneva: WHO, 2015. Disponível em: https://apps.who.int/iris/bitstream/handle/10665/186463/9789240694811_eng.pdf?sequence=1. Acesso em: 30 jan. 2021.

_____. *Adolescent Friendly Health Services: an Agenda for Change.* Geneva: WHO, 2011. Disponível em: https://apps.who.int/iris/bitstream/handle/10665/67923/WHO_FCH_CAH_02.14.pdf?sequence=1. Acesso em: 30 jan. 2021.

ZACHARIAS, Ronaldo. Direitos Humanos. Para além da mera retórica ingênua e estéril. In: TRASFERETTI, José Antonio; MILLEN, Maria Inês de Castro; ZACHARIAS, Ronaldo. *Introdução à Ética Teológica.* São Paulo: Paulus, 2015, p. 127-146.

_____. Justiça sexual: chamados à equidade e à imparcialidade. In: ZACHARIAS, Ronaldo; CANOSA, Ana Cristina; KOEHLER, Sonia Maria Ferreira (Orgs.). *Sexualidades e Violências*: um olhar sobre a banalização da violência no campo da sexualidade. São Paulo: Ideias & Letras, 2019, p. 185-210.

_____. Taking Inclusion Seriously. Towards an Ethics of Person-Centered Growth. *Salesian Journal of Humanities & Social Sciences*, Sonada-Darjeeling (India), VII/1 (2016): 26-37.

_____. Ética e sexualidade. Em vista da compreensão integral da sexualidade humana. In: DIEHL, Alessandra; VIEIRA, Denise Leite (Orgs.). *Sexualidade*: do prazer ao sofrer. 2 ed. Rio de Janeiro: Roca, 2017, p. 371-382.

ZACHARIAS, Ronaldo. Ética, direitos humanos e dependência química. In: DIEHL, Alessandra; CORDEIRO, Daniel Cruz; LARANJEIRA, Ronaldo (Orgs.). *Dependência Química:* prevenção, tratamento e políticas públicas. 2 ed. Porto Alegre: Artmed, 2019, p. 39-47.

ZAIDAN, Patrícia; PAULINA, Iracy. A brava juíza dos afetos. *Claudia* 49/3 (2010): 43-47.

ZUBEN, Newton Aquiles von. Vulnerabilidade e finitude: a ética do cuidado do outro. *Síntese, Revista de Filosofia* 39/125 (2012): 433-456.

Esta obra foi composta em sistema CTcP
Capa: Supremo 250 g – Miolo: Pólen Soft 80 g
Impressão e acabamento
Gráfica e Editora Santuário